あなたの潜在能力を引き出す20の原則

the success principles for teens

ジャック・キャンフィールド
ケント・ヒーリー
弓場 隆＝訳

Discover
ディスカヴァー

もし自分にできることをすべてしたなら、
人はみな自分のすごさに驚くに違いない。

――トーマス・エジソン（アメリカの発明家）

• 本書は2010年に小社より刊行された『あなたの潜在能力を引き出す20の原則と54の名言』を再編集・改訂したものです。

はじめに

この本はたんなるアイデア集ではありません。自分の潜在能力を引き出していくための、普遍的な方法論を紹介するための本です。

ところで、そのような方法論は本当に存在するのでしょうか？

答えはイエスです。うまくいっている成功者や偉人たちの生き方には共通点があります。私たちもそれを学び、彼らと同じような習慣を身につければいいのです。

なぜ、一部の人は幸せで、エネルギッシュで、裕福で、人々から尊敬され、素晴らしい友情をはぐくんでいるのでしょうか？

「他の人たちよりも才能と能力が長けていたからだ」と言う人もいます。しかし、私たち（ジャックとケント）はそうではないと考え、研究した結果、やはりそうではないことを発見しました。彼らは、自らの才能と能力を引き出すのに長けていたのです。偉大な成果をあげた人たちから、自らの才能や能力を引き出すための原則を学び、それを応用すれば、私たちも確実に成功をおさめることができます。

そう言うと、「なるほどそれは素晴らしいが、私は他の人と違って特殊な状況にあるから自分には当てはまらない」と反論する人もいることでしょう。実を言うと、私たちも最初はそう思っていました。自分の人生を好転させる方法が他の人にわかるわけがないと思い込んでいたのです。

たしかに、一人ひとりが直面している状況は特殊であり、成功の定義が人によって異なるのは事実です。

しかし、現状を打破して成功を手に入れる方法は、基本的に同じです。実業家として成功する、有名なスターになる、億万長者になるなど、あなたの目標が何であるかは関係ありません。この本に書かれた原則を学んで日常的に実行すれば、人生を変えることができます。

人はみな自分の人生をもっとよくしたいと思っています。もっと幸せになり、もっとお金を稼ぎ、もっと自由になり、もっと自信を持ち、もっと友情をはぐくみたいというのは、すべての人に共通する願いです。

問題は、その「方法論」です。しかし、心配はいりません。

この本は、あなたの願望を実現できるように配慮されています。この本に書かれている原則を使って驚異的な成果をあげた人たちの例を紹介しましょう。

○起業家のカーネル・サンダースはケンタッキー・フライド・チキンを創業し、度重なる拒絶を乗り越えて世界的なレストランチェーンに育て上げた。

○俳優のジム・キャリーは売れなかった時代に自分に小切手を切り、それによって人生を変えた。

○格闘家のティム・フェリスはキックボクシングを始めてわずか6週間で全米チャンピオンになった。

○画家のロバート・ワイランドは極貧生活を送っていたが、やがて大成功をおさめて億万長者になった。

○体操選手のピーター・ビドマーは成功法則を実行して、オリンピックで金メダルを獲得した。

以上の実例を含めて多くの具体例から学び、成功法則を実行することによって、あなたは次のことを発見することになります。

○どんな出来事でも、その結果を変える方法
○恐怖を乗り越えて自信をつける方法
○欲しいものを求めて手に入れる方法
○目標を達成してワクワクする人生を送る方法
○成功を後押ししてくれる友人や助言者を見つける方法
○拒絶をはねのけ、成功するまで粘り強く努力する方法
○より速く、より大きな成果をあげるためにフィードバックを活用する方法
○期待を超える素晴らしい結果を出す方法

あなたは「言うだけなら簡単だ」と思っているかもしれません。しかしだからこそ、私たちはこの本を書いたのです。私たちは、あなたの最大の強みを生かして人生設計

ができるように工夫しました。

現代は大変な時代です。経済情勢も厳しいですし、プレッシャーも大きいことでしょう。しかし、今ほどチャンスに恵まれている時代はかつてなかったと言えます。自分の潜在能力を十分に引き出して、今すぐに行動を開始すれば、これからの1年で、5年で、10年で、20年で、驚異的な業績をあげることができます。

この本で紹介する成功法則の恩恵を受けるためには、まず、次の考え方を理解しなければなりません。

〝誰かに腕立て伏せを代行してもらっても、
自分が力をつけることはできない〟

そのとおりです。成功法則の恩恵を受けるためには、自分でなんらかのことをしなければなりません。この本を役立てるためには、誰かに代行してもらうのではなく自分で成功法則を実行しなければならないのです。

私たちは「料理法」を伝授しますが、実際に「料理」をするのは、あなた自身です。もし努力をするなら、相応の見返りが得られることを約束します。

今度は、あなたが自分に約束をする番です。この本で学んだ情報にもとづいて成功法則を実行してください。一緒に成功への旅を楽しみましょう。

ジャック・キャンフィールド、ケント・ヒーリー

自分の将来を予想する最高の方法は、
自分でそれをつくり出すことである。

――スティーブン・コヴィー（自己啓発書の著者、講演家）

CONTENTS

原　則

1

自分の人生に100パーセント責任を持つ

1 自分の人生に責任を持つ

それは悪性の風邪のように流行しています。大勢の人々を侵し、彼らの潜在能力を限定しています。さて、それとは、何でしょうか？

「人はみな素晴らしい人生を送る権利がある」という思い込みです。

なぜ、その思い込みは間違っているのでしょうか？　それは、自分が何もしなくても、きっと誰かが自分を幸せにしてくれるという信念が、その根底にあるからです。

人生とはそういうものではありません。「よりよい人生を望んでいる人」と「よりよい人生を手に入れている人」との間には決定的な違いがあります。そしてその違いこそが本書のテーマです。


成功をおさめ、人々から尊敬され、素晴らしい人生を送りたいなら、自分のすべてに100パーセント責任を持つ必要があります。


うまくいかないことがあると、ほとんどの人は親や先生、友人、上司、景気のせいにします。そして多くの場合、人々は自分が責任転嫁をしていることに気づいていません。本当は、問題の根源を直視するのが怖いだけなのです。

では、問題の根源は何でしょうか？――それは自分自身です。

たしかに私たちはさまざまな問題を抱えています。

しかし、自分の人生に責任を持つということは、それを他の人や物のせいにせず、自分の思考と行動をコントロールし、状況を改善するためにできることをするということです。

人生の問題は多種多様ですが、私たちはそれを解決するために常に何かをすることができます。解決策を探す前に、まずそれを確信することが重要です。

人生の質は、その人の思考・行動・信念に左右されます。この3つは、私たち一人ひとりが支配しているものです。成功するかどうかは自分次第なのです。

抱えている問題を直視する

日が暮れて、あたりがすっかり暗くなりました。男が地面に膝をついて街灯の下で探し物をしています。通りがかりの女が「こんなところで何をしているのですか?」と尋ねると、男は「鍵をなくしたので探しているのです」と答えました。そこで女は手伝うことにしました。

1時間ほどして女はすっかり困惑し、「くまなく探しましたが、どこにも見つかりません。本当にこのあたりでなくしたのですか？」と尋ねました。すると男はこう答えたのです。

「いや、本当は家の中でなくしたのですが、街灯の下のほうが明るくて探しやすいので、ここで探しているのです」

この寓話と同様、私たちも自分の抱えている問題を直視するのを避けて、他の人や物の中に問題の根源を探し求めます。自分という本当の原因を究明するよりも、そのほうが簡単だからです。

問題の根源は自分であり、私たちはその事実を直視しなければなりません。なぜなら、それを直視しないうちは何も変えることはできないからです。どんなにつらくても、その事実を見すえる必要があります。

もちろん、誰でも状況が好転してほしいと思っていますが、現実を直視するのを拒んでいるかぎり、状況は好転しません。何かを変える必要があるということを認識して、初めて変化が訪れるのです。

あなたは自分の人生に満足しているかもしれません。たしかにそれは素晴らしいことですが、どの成功者も常に改善の余地があると考えています。

人生で成功をおさめて、欲しいものを手に入れるための第一歩は、自分の人生に100パーセント責任を持つことです。それをしないかぎり、人生で欲しいものは手に入りません。

「わかっている」と「実行する」の違い

自分の人生に責任を持つということは、自ら率先して行動し、間違いを犯したらそれを認めるというだけではありません。それは、言い訳をしないということでもあるのです。

言い訳をしているかぎり、いい結果を出すことはなかなかできません。言い訳をすることは、言うなれば、飛行機の脱出ボタンを押すようなものです。ボタンを押した瞬間、あなたは軌道をはずれ、成功の機会を逃すことになります。

たしかに、言い訳をすれば、うまくいっていないことを正当化できるかもしれません。しかし、いったんそれをしてしまうと、自分のやり方を反省して改善につなげることができなくなるのです。

真の成功者は、どんなに立派な言い訳をしても何の役にも立たないことを知っています。たとえ言い訳が真実であっても関係ありません。典型的な言い訳は「忙しくて時間がない」です。言い訳をすると、自分の進歩がますます遅くなるだけです。言い訳をして得をすることはありません。

では、どうすればいいのでしょうか。まず、「自分は、状況を改善して目標を達成する力を持っている」と確信することです。人はさまざまな理由で言い訳をしますが、どんな理由も重要ではありません。重要なのは、自分の行動に責任を持つことです。

多くの人は「自分の行動に責任を持て」と言われると、「わかっている」と言います。しかし、「わかっている」と「実行する」は違います。本当にわかっているなら、それを実行しなければなりません。

あなたは自分の人生に責任を
持たなければならない。
周囲の環境を変えることはできないが、
自分を変えることならできる。

――ジム・ローン（アメリカの実業家）

2

状況を変えるのではなく、それに対する自分の反応を変える

「状況 ＋ 反応 ＝ 結果」。

要するに、成功であれ失敗であれ、幸せであれ不幸であれ、私たちが人生で経験する結果はすべて、状況に対する自分の反応の結果なのです。したがって、もし結果が気に入らないなら、２つの選択肢があります。

選択肢1　いい結果が出ないことを状況のせいにする

言い換えれば、他の人や物のせいにするということです。しかし、それが何の役に立つのでしょうか。

マイケル・ジョーダンは高校時代にバスケットボールのチームに入れなかった状況を克服し、やがて頭角を現してプロの世界で大活躍しました。ヘレン・ケラーは盲聾唖の三重苦という状況を乗り越え、社会福祉に尽力して世界中の人々を勇気づけました。ビル・ゲイツは大学を中退し、資本金がほとんどない状況で出発し、マイクロソフトを立ち上げて世界的企業にまで育てました。

このように多くの人が厳しい状況を乗り越えて成功をおさめています。**私たちを限定しているのは、状況ではなく、自分のネガティブな思考と行動なのです。**したがって、この選択肢は有益ではありません。

選択肢2　状況に対する自分の反応を変える

これこそ、機会、自由、財産を手に入れる選択肢です。どんな状況でも私たちは自分の思考と行動を変えることができます。そしてそれが、あなたのプラスになるのです。

残念ながら、多くの人は長年の習慣にとらわれて、よく考えずに反応しています。しかし、反応の仕方は変えることができます。すぐにはできないかもしれませんが、自分のネガティブな思考と行動に意識を向ければ、できるようになります。

最終的に、決定的要因となるのは状況ではなく、それに対する私たちの反応なのです。

つまり、あなたが人生で経験することは、内面的にも外面的にも、状況に対する自分の反応の結果であるということです。

「自分には能力がない」という思い込みにとらわれない

このような考え方を説明すると、人々は興味深い反応を示します。「何ですって？そんなことはありえない」と言うのです。

興味深いことに、そういう人には次のような特徴があります。

- 人生で欲しいものを手に入れていない
- いつも不満を抱えている
- 他の人に強い怒りを感じている
- 人生が思いどおりにならず、何をしても失敗すると感じている

さらに、そういう人には次のような口ぐせがあります。

「それは自分のせいではない」
「自分にはそんな才能はない」
「〇〇のせいで、うまくいかない」
「どうせ人生とはこんなものだ」

この人たちは自分の口ぐせをあまりにも長い間繰り返し聞いてきたので、自分には状況を変える力がないと本気で思い込んでいます。その結果、毎日が苦難の連続になるのです。

これは決して不思議ではありません。よきにつけ悪しきにつけ、あなたの口ぐせはあなたの現実をつくり出しているのです。

兆候に注目する

何かがうまくいっているかどうかを見極める最も簡単な方法は、自分が得ている結果に注目することです。つまり、いい結果が出ているかどうかということです。

私（ケント）が学生のころ、テストの点数が悪いことを弁解しようとすると、先生が「結果はウソをつかない」と言いました。その意味を理解するのに時間がかかりましたが、考えれば考えるほど真理であることに気づきました。

人はみな、自分が誇りに思っていない結果を目の当たりにすることを嫌がります。気分のいいことではないからです。しかし、**勇気を出して現実を直視すれば、必要な変化を起こすためにすべきことがわかります。**

それがわかれば、周囲の意見や自分の直感という形で兆候が出ていることに気づくはずです。その兆候は、悪い結果を未然に防止するための警告ですから、適切に対処すれば、状況を改善することができます。たとえばこんな兆候です。

- 親や兄弟が警告する
- 友人や知人が助言する
- なんとなく違和感を覚える
- 「これはまずい」という内なる声が聞こえてくる

これらの兆候は、私たちが状況に対する反応の仕方を変えるきっかけになります。しかし多くの人は、これらを不快に思って無視するために、いつまでも悪い結果を得ることになるのです。

成功している人は、災難に見舞われるのを待つことはせず、兆候を適切に処理します。その結果、災難を未然に防止して快適な人生を送ることができるのです。

ポジティブなセルフトークを習慣にする

あなたは前ページの質問に対し、「いったい何のこと？　私は自分と会話なんてしない」と反論するかもしれません。

ここで問題にしているのは通常の会話ではなく、あなたが日ごろ心の中で自分に対して繰り返し使っているフレーズのことで、「セルフトーク」とも呼ばれるものです。

セルフトークには、ポジティブなものとネガティブなものがあります。あなたは日ごろ自分にどんな言葉で話しかけていますか？　自分に対して繰り返し言っていることをあまり意識していないだけに、これは重大な問題です。

自分の人生に責任を持つためには、自分の思考をコントロールする必要があります。なぜなら、思考は人生のすべての側面に影響を与えるからです。

日ごろ自分に対して言っていることを、5つリストアップして紙に書きだしてみましょう。そのフレーズは自分の人生にどんな影響を与えていますか？

次に、書きだした5つのフレーズの中で、今後使いたくないものを消去してください。ネガティブなセルフトークは潜在能力を台無しにしかねないので要注意です。

ポジティブなセルフトークを習慣にしたら何が起きるか、想像してください。もし最初はそんなフレーズを信じられなかったとしても、やがて脳はそれを真実として受け入れます。自分に対して建設的なことを言うことが重要なのです。

ですから、次は、毎日繰り返し使いたいフレーズを5つ選んで紙に書いてみましょう。

世の中の失敗の99パーセントは、言い訳をする習慣のある人たちによるものだ。

——ジョージ・ワシントン・カーヴァー（アメリカの教育者）

原　則
2

できると信じる

3

自分の能力を信じる

何かを成し遂げた人は、自分を信じることの重要性を認識していました。自分を信じずして、誰が試練に耐え、夢を追い求め、目標達成のために努力するでしょう？

つまり、**行動する前に信念がなければならないということです。**信念とは、具体的に言うと自分の能力を信じる気持ちです。もし夢を実現しようとするなら、自分が夢を実現できると信じなければなりません。

かつて世界一の大富豪と呼ばれた鉄鋼王アンドリュー・カーネギーが、新聞記者のナポレオン・ヒルに成功哲学の研究を依頼しました。そこでヒルは全米の約500人の成功者に話を聞いたのですが、そのときの最大の発見の一つが「信念の力」だったのです。

できると信じ、エネルギーを集中する

ここで驚くべき事実を指摘しましょう。意外かもしれませんが、自分を信じることは、時間をかけて身につけることができるのです。

ポジティブな親や教師、コーチ、友人に恵まれれば助かりますが、それは長期的に見て自信の度合いの決定的要因にはなりません。自分の現状を他の人のせいにしても何の得にもならないのです。自分の信念をコントロールすることは、あなたの責任な

のです。

私たちはこの本を書くために数百人の成功者に聞き取り調査をしました。その結果、**ほぼ全員が「自分はそんなに才能があるわけではないが、自分はできると信じ、人より一生懸命に努力したおかげで、ここまで到達できた」と答えたのです。**

作家のスティーヴン・キャネルは読み書きが満足にできず、学校で落第を繰り返しました。しかしその後、転機が訪れます。彼はこう語っています。

「勉強はからきしダメでしたが、自分の得意な分野にエネルギーを集中することにしたのです。フットボールがなければ、私はどうなっていたかわかりません。このスポーツのおかげで自信を得ることができました」

キャネルはスポーツを通じて、努力が業績につながるという事実を学びました。また、それを仕事に応用して、人気ドラマ「刑事コロンボ」の脚本家としてエミー賞を受賞しただけでなく、10作以上のベストセラー小説を発表しています。

彼は「自分はできる」という信念にもとづいて生きることを選んだのです。

自分を信じろ。自分の能力に自信を持て。
自分の力に対して謙虚になると同時に
自信を持たないかぎり、
成功することも、
幸せになることもできない。
――ノーマン・ビンセント・ピール（アメリカの牧師、講演家）

4 ポジティブな予想をする

以前、科学者は人間の脳が外界からの情報に反応するよう設計されていると信じていました。しかし最近、脳は「次に起きると予想しているもの」に反応することがわかってきています。一例をあげましょう。

数年前、テキサス州の医師団が複数の患者を対象に、膝の治療法の効果を比較しました。①関節を削る、②関節を洗浄する、③とくに何もしない、の3つです。

③の「とくに何もしない」治療の最中、医師団は患者たちに麻酔をし、膝に3か所の「手術痕」をつくりました。すると2年後、その患者たちは実際に治療を受けた患者たちと同じ効果を得たと報告したのです。

彼らの脳は、手術が膝をよくしてくれると予想し、手術を受けていないのに実際にそういう結果を得たのです。驚異的な現象と呼ぶほかありません。

なぜ、脳はこんな働きをするのでしょうか。「予想理論」を研究している神経心理学者によると、人間は生涯にわたり、実際にそうなるかどうかは別として、なんらかのことが起きると予想しているというのです。言い換えれば、**脳がなんらかのことを予想するから、多くの場合、私たちは予想しているものを得ることになります。**

だからこそ、ポジティブな予想をすることが重要なのです。

ネガティブな予想をポジティブな予想と取り替えるとき、脳はあなたがその予想を実現するのを助けてくれます。なんと素晴らしいことでしょうか。

ネガティブな思い込みをやめる

あなたは「どうせ無理に決まっている」と思うことがあるかもしれません。

しかし、それは「真実」か「信念」か、どちらでしょうか？

信じていることは現実になります。私たちはよく考えもせずに「どうせ無理に決まっている」と思うことがあまりにも多いのが実情です。

もし成功したいのなら、「無理だ」「できるはずがない」というフレーズを口にしたり思ったりするのをやめる必要があります。

なぜなら、それらのフレーズは私たちの力を奪ってしまうからです。その結果、新しいことに挑戦して人間的に成長する機会を失うことになります。

ネガティブな思い込みは、自分の能力を限定してしまうことになります。できないと信じて人生を空費してはいけないのです。

ほとんどの人が失敗するのは、
才能や能力がないからではなく、
自分を信じないからだ。
自分を見くびってはいけない。
小さな目標を達成できることを信じ、
そうすることによって自信をつければ、
やがて大きな夢を実現することができる。

――ティム・フェリス
(アメリカの格闘家、全米キックボクシングチャンピオン)

5

自分を支えてくれる人を見つける

あなたはここまで読んできて、自分を信じることが成功の鍵を握っていることを知りました。

では、周囲の人の支えを得ることについてはどうでしょうか？

それは、目標に向かって邁進するために必要な自信を得る最高の方法です。

20歳のルーベン・ゴンザレスがリュージュの技術を磨くためにニューヨークのオリンピック・トレーニングセンターを訪れたとき、彼の夢を信じてくれたヒューストンの実業家クレイグの名刺が財布の中に入っていました。

リュージュは氷とコンクリートでできたコースを時速100キロ以上の猛スピードで滑り降りる、過酷な競技です。ほぼ全員が少なくとも一度は骨折し、最初の数か月で10人中9人がやめます。

しかし、彼には夢と情熱があり、故郷にいるクレイグの支えがありました。

ルーベンは初日のトレーニングを終えて部屋に戻り、クレイグに電話をして、「この練習はきついから、こんなのはやめる」と弱音を吐きました。

するとクレイグは、

「鏡の前に立って、『どんなにつらくても必ず成功する』と言え！」

と言ったのです。

ルーベンが疑問を呈すると、クレイグは言いました。「とにかく言うとおりにしろ」

ルーベンは言われるままに鏡の前に立って「どんなにつらくても必ず成功する」と言いました。最初は違和感がありましたが、それを大きな声で5回ほど繰り返すと元気になってきました。

そして10回ほど繰り返すうちに真剣になって、

「何があっても成功してみせる。怪我はすぐに治る。僕は必ずオリンピック選手になる」

と自分に言い聞かせていました。

怖いことから逃げずに正面から自分と向き合うと、自信がわいてきます。ルーベンが友人から教わった方法は効果抜群でした。

その後、ルーベン・ゴンザレスはリュージュのアメリカ代表として3度の冬季オリンピック（カルガリー、アルベールヴィル、ソルトレイクシティ）に出場しました。

できると思えば、おそらくできる。
できないと思えば、間違いなくできない。
自分を信じることは、
あなたを発射台から離陸させる
着火スイッチである。

――デニス・ウェイトレー
（アメリカの著述家、ＮＡＳＡのコンサルタント）

原則

3

自分の欲しいものを決める

6

自分が手に入れたいものを明確にする

- あなたは何を成し遂げたいですか？
- 何を経験し、誰と出会い、どんな人物になり、何を手に入れたいですか？
- あなたにとって成功とは何ですか？

ほとんどの人にとって、以上の質問は難問といっても過言ではありません。日ごろそういうことを考えていない人にとっては、とくにそうです。

しかし、朗報があります。これらの質問に対する独自の答えを見つける方法があるのです。それをこれから紹介しましょう。

あなたの新車に最新のカーナビ（道案内サービス）が付いていると想像しましょう。それは目的地にまで正確に案内してくれます。しかし、もし目的地を入力しないなら、その高度な技術が何の役に立つでしょうか。

あなたの脳にもGPS（位置把握システム）が内蔵されています。ただし、カーナビと同じように目的地を入力しなければなりません。しかし、いったん目的地を入力すれば、あなたの脳が次のステップを示してくれます。

欲しいものを明確にしてそれにフォーカスすれば、それを手に入れるプロセスも次第に明確になるのです。

大きな目標に挑戦する

「何を考えてるの？　あなたにそんなことができるわけない！」

「できると思ったからといって、できるわけではない。世の中はそんなに甘くない」


おそらく、多くの人がこのようなセリフを聞いたことがあるはずです。

どの人の中にも、「なりうる自分」の小さな種があります。しかし、その種は、成長期に親や教師、友人、知人から投げかけられたネガティブな言葉のために埋もれたままになっているのです。


おそらく、周囲の人たちは善意でそう言っているのでしょう。

しかし、そういったネガティブな言葉が、あなたの脳の中で限界を設定してしまっている可能性があります。

子どものころ、新しい目標を設定するたびに、親から「夢を持つのはいいが、それを一生追い求めて、結局ダメだったというのでは、どうしようもない」と言われたものです。

私の親はたぶん、自分の人生で思いどおりにいかなかった経験からそう言ったのだと思います。

しかし何度もそう言われていたので、私はいつのまにか「どうせ無理だろう」という思いに取りつかれて、本気で取り組もうという気になりませんでした。

幸い、ネガティブな言葉に屈しないという思いも少しはありましたから、友人と一緒にパソコン修理の事業を立ち上げて軌道に乗せることができました。

自分にもできるということがわかり、今ではがんばってみようと決意しています。

最近、「遠くの星を目指せば、たとえそこまで行けなくても遠くへ行ける」という名言が気に入って壁に貼っています。

妥協するのではなく、大きく考えてベストを尽くすほうがずっといいという気持ちになります。

すべての目標を達成できるとは限りませんが、挑戦したという充実感が得られますし、それによって成長することができるからです。

人生は、後ろ向きで生きるには短すぎます。

人生で欲しいものを
手に入れるための第一歩は、
自分の欲しいものを決めることだ。

――ベン・スタイン（アメリカの俳優、映画監督、エミー賞受賞）

7 欲しいものに意識を集中する

講演会を開いて会場の人たちに「あなたは人生で何をしたいですか?」「人生で欲しいものは何ですか?」と質問すると、返ってくる答えにいつも驚かされます。

「破産したくありません」

「孤独になりたくありません」

「故障ばかりする車は欲しくありません」

明らかに共通のパターンがあります。どれも「したくない」「欲しくない」というフレーズで終わっていることです。

欲しくないものを排除することが、欲しいものを発見するのに役立つこともありますが、ネガティブなことよりポジティブなことに力点を置く必要があります。なぜでしょうか？

欲しくないことについて絶えず考えている人は、そういう状況に陥って困っていることが多いのが実情です。これは偶然ではありません。脳は最も強力な道具で、味方にも敵にもすることができるのです。それは私たちが何に意識を向けるかに大きく左右されます。

この普遍的な原理は「引き寄せの法則」と呼ばれ、いつも働いています。**あなたは自分が意識を向けるものを絶えず引き寄せるのです。**したがって、人生で欲しいものに意識を集中すれば、ますますそれを手に入れることができ、欲しくないものは徐々に消えていきます。

人生の予告編を描く

欲しいものを手に入れるのに役立つ質問を紹介します。

これに答えるときは、「どうせ無理だ」とささやきかける内面の声を無視してください。ネガティブな思いを持つのは自然なことですが、成功者は疑念を捨てて、果敢に前進していきます。

どんなにばかげていると思っても自分の思いを書きとめてください。深刻にならずに楽しみましょう。あなたはワクワクする人生の予告編を制作しているのです。

Q1「あなたは自分の性格をどう表現しますか?」(性格)
陽気、明るい、情熱的、外向的、創造的、勇敢、親切などなど。性格は成功に不可欠な要素です。

Q2「あなたはどんなものを手に入れたいですか?」(物質的欲求)
これが人生の最大の目的であってはいけませんが、一生懸命に努力するための原動力になることは確かです。新車、かっこいい服、ステレオ、ヨット、新築の家などなど。その色や形、場所などを具体的に表現しましょう。

Q3「あなたは何をしたいですか?」(夢)
どんなライフスタイルを望みますか? そのライフスタイルに合う人は誰ですか?
あなたの夢を書きだしましょう。

Q4「2年後、あなたはどんな人物になりたいですか?」(人物像)
自分がどんな人物であるかは、人生の質を決める最大要因です。

Q5 「あなたは自分のどんな才能や能力を使って人々を助けますか？」（貢献）

人生の最大の喜びは、自分が他の人の役に立っていることを知ること。自分の時間と才能と能力を他の人に提供することは、非常に価値のあることです。

成功の大きさは、
信念の大きさによって決定される。
小さな目標を信じれば、
小さな業績しか期待できない。
大きな目標を信じれば、
大きな成功をおさめることができる。

——デービッド・シュワルツ（ジョージア州立大学教授）

原　則
4

自分の存在意義を明確にする

8

人生の目的を探す

あなたは何のために生まれてきたのでしょうか。人生の目的を発見するのは難題のように思えるかもしれませんが、そんなに深刻に考える必要はありません。たとえば、私たち2人のミッション・ステートメント（使命の宣言）はこんな具合です。

「人々が愛と喜びに満ちた人生を送るのを手伝うこと」（ジャック）

「人々の潜在能力の開発を手伝うこと」（ケント）

このようにミッション・ステートメントは複雑なものである必要はありません。なりうる最高の自分になるために努力する勇気がわいてくるものであればいいのです。

歴史に名を残した偉人たちのミッション・ステートメントを紹介しましょう。

「人々を幸せにすること」（ウォルト・ディズニー）
「人々が必要とする発明品をつくること」（トーマス・エジソン）
「できるだけ多くのお金を稼いで前半生を過ごし、後半生はそのお金をすべて慈善に使って過ごすこと」（アンドリュー・カーネギー）

あなたの使命は何ですか？　今すぐに答えを見つける必要はありませんが、今がそれを探し始める絶好の時期です。

人生の目的を明確にする

自分の人生の目的を表現するミッション・ステートメントを作成しましょう。深刻になりすぎず、創造性を発揮してアイデアを出すことが重要です。

ステップ1「どんな言葉に魅力を感じるか?」
……勇気、創造性、情熱、自由、エネルギー、感謝、幸福、愛、喜び、希望、奉仕、誠意、成功、支援など。

ステップ2「好きな名言や座右の銘は何か?」

ステップ3「自分の強みは何か?」
……思いやり、気配り、創造性、コミュニケーション力、決断力、聞く力、リーダーシップ、楽観主義、忍耐力、ユーモアなど。

ステップ4「自分の強みを生かす方法は何か?」

……人々を支援する、人々が努力するよう励ます、自信を持って素早く決断する、人の話をよく聞く、明るく振る舞って人々を幸せにする、人に思いやりを持って接する。我慢強く人々を指導するなど。

以上のステップをもとに、**ミッション・ステートメントを作成しましょう。自分の人生の目的を表現するのです。**たとえば、次のようなものです。

- 私の使命は、楽観主義を貫き、人々を笑わせて楽しい雰囲気をつくることである
- 私の使命は、人々に模範を示して目標の達成を手伝うことである
- 私の使命は、自然の美しさを絵画で表現して環境保護に貢献することである

ミッション・ステートメントを作成すれば、なりたい自分が明確になり、人格の形

成と生活の質の向上にも役立ちます。また、ミッション・ステートメントは永遠のものではなく、自分の成長に合わせて柔軟に変えていくことができます。

その他大勢から抜け出す人たちには、
一つの共通点がある。
それは、強烈な使命感だ。

――ジグ・ジグラー（アメリカの著述家、講演家）

9

人生の目的を行動に落としこむ

人生の目的を持つことはきわめて重要です。脳の中に内蔵されたカーナビを稼働させることができるからです。

しかし、ミッション・ステートメントの最も重要な点は、それを行動に移し、それにしたがって生きることです。

では、どうすれば自分のミッション・ステートメントを常に思い起こすことができるでしょうか。いくつかのアイデアを紹介しましょう。

- 紙に書く。あるいは、パソコンの画面に入力して、それをプリントアウトする
- それを部屋の中や机の上に貼って絶えず見る。額縁に入れておいてもいい
- パソコンの壁紙に自分のミッション・ステートメントを表示する

自分のミッション・ステートメントについては、もっと考える時間が欲しいかもしれません。それはそれでいいのですが、次の章に進む前に何かを書いてみましょう。それは最終的なものである必要はなく、暫定的なものであっても構いません。

自分の人生の目的にしたがって生きていると、自分のすべての活動が一貫性を持つようになります。

もしなんらかの活動が自分の人生の目的にかなっていないなら、それをしてはいけ

ません。複数の選択肢に遭遇して迷ったときは、自分のミッション・ステートメントと照らし合わせて判断しましょう。難しかった決定が簡単になります。

人生の目的は、
目的のある人生を送ることだ。

——ロバート・バーン（アメリカのチェスプレーヤー）

原　則
5

ポジティブな信念を持つ

10 最高の結果をイメージする

自分が成功しない理由をいつまでも列挙する人がいます。その理由は、もとをたどれば、一つの信念に行きあたります。それは、「どうせ自分はダメに決まっている」というものです。

貧困から身を起こして一代で巨万の富を築いた実業家のクレメント・ストーンは、

それとは正反対の信念を持っていました。「どんなことがあっても自分は必ずうまくいく」と固く信じていたのです。

多くの人が「世の中が自分の夢を壊そうとしている」と信じているのに対し、彼は「世の中が自分の夢の実現を助けようとしてくれている」と信じることを選択しました。**あらゆる困難をネガティブに解釈するのではなく、その困難の中からチャンスを見つけ出し、目標を達成するためにそれを生かしたのです。**なんというポジティブな発想でしょうか。

世の中が新しい可能性を示して自分を助けようとしてくれていると常に予想しているなら、人生で成功する可能性はかなり高くなります。実際、成功者たちはそうしています。彼らは最高のものを探し求め、そしてそれを手に入れているのです。

しかし、気をつけてください。このプロセスは反対の方向にも働きます。最悪の結果を予想するなら、それを手に入れることになるからです。

脳は間違いを証明されるのが嫌なので、あなたの予想を裏づける証拠を探し求めます。ですから、最悪の結果を予想しているなら、脳はいつもネガティブな兆候を見つけるのです。いつもそんなネガティブな姿勢でいるかぎり、成功も幸せも手に入れることはできません。

常に恩恵を探し求める

お気に入りの新車が発表されたとたん、同じモデルの車を街で見かけるようになったことはありませんか？

この現象は「新車症候群」と呼ばれるもので、潜在意識がそれを絶えず探し求めると、何度もそれを見つけることになるのです。要するに、何かを探し求めれば、それは必ず見つかるのです。これと同じ現象は新車だけではなく、ほとんど何にでも当てはまります。

こんな実験をしてください。いかなる状況下でも、その中で、恩恵を探し求めるのです。それは必ず見つかります。もしうまくいけば、それは一度きりでやめてしまう必要はありません。毎日、実行してみてください。きっと幸せと感謝の気持ちがこみあげてきます。

私たちは常に選択できるのですから、「こんなことになってしまって、もうどうしようもない」と絶望するのではなく、ポジティブな信念を持ち、すべてがうまくいくと予想したほうが得策です。要するにそれは、何を探し求めるかという問題です。

今までを振り返って、災いが転じて福となったことがありましたか？

最初はとても嫌だったのに、後で恩恵をもたらしてくれたことに気づいて嬉しくなった経験は誰にでもあるはずです。

「この状況はつらいが、いつかこの状況を振り返って笑える日が来る」という意見を聞くと、私たちは「それなら、今、笑いましょう」と言います。

何週間もがっかりして過ごすよりも、状況を冷静に分析して、「この出来事の中の恩恵は何か?」と自問し、その恩恵を探し求めるほうが建設的です。

私たちは現実を無視することを提唱しているのではありません。「教訓を学び、前に進んでいきましょう」と主張しているのです。

人生を深刻に受け止めてはいけません。ユーモアの精神を忘れず、自分を笑い飛ばしましょう。人生で成功をおさめるうえで、健全な楽天主義は重要な資質です。

遅かれ早かれ、
自分が勝てると信じている人が勝つ。
――リチャード・バック（ベストセラー作家、講演家）

11

ピンチのときも前向きでいる

今から何年も前、勤めていた会社が思いがけず倒産したとき、もうこの世の終わりだと思いました。それまでは、利口な若者たちのチームでワクワクしながら働き、仕事を楽しんでいたのですが、突然、すべてがなくなってしまったのです。

当初、私はその出来事に憤りを感じ、シカゴでクレメント・ストーン財団のセミナーに参加しているときに講師に悩みを打ち明けました。すると、財団の副会長でもあった彼は私に仕事を与えてくれたのです。

嬉しいことに、その仕事は楽しく、給料も増え、いろんなセミナーにも参加させてもらいました。そしてついに、尊敬する実業家で篤志家のクレメント・ストーン氏と一緒に働くようになり、この本で紹介している成功法則を伝授してもらう機会を得たのです。

もしあのときに失業していなかったら、現在の私は存在しないと思います。

積極的な心の姿勢で生きるとき、人生は不思議な展開をします。**ピンチのときでも前向きな気持ちでいると、それが人生のターニングポイントとなって好転することがよくあるのです**。今後、悪いように思えることが起きたときには、こう考えてみてください。それは、良いことにつながる可能性を秘めている、と。

ピンチのときこそ、チャンスを探しましょう。そのときはどんなに厳しい状況に見えても、恩恵を探し、それを期待するなら、恩恵の種子はほぼ必ず見つかります。

いやなことが起きて「この世の終わりだ」と思ったら、「この出来事に隠された恩恵の種子は何か？」と自分に問う習慣を身につけましょう。すぐに答えが見つからなければ、何度も自問し続けるのです。そうすれば、やがて答えは見つかります。

どんな状況でもポジティブな面を見つける

自分が操縦する飛行機が撃墜されて7年間も過酷な状況で捕虜として暮らすことを想像してください。空軍のジェリー・コフィー大尉は実際にそれを体験しました。そして長い間独房に入れられ、食事も満足に与えられずに栄養失調になったのです。

しかし本人に感想を聞くと、「自分を変えてくれた最高の出来事だった」と言います。コフィー大尉は独房に入れられたとき、「どうすればこの経験を生かせるか？」と自問しました。それを悲劇ではなく、自分を見直すチャンスととらえたのです。

彼は毎日何時間も自分と向き合い、人生でうまくいっているところといっていないところを見極め、自分をより深く理解するよう努めました。その結果、彼は私たちが出会った中で最も賢くて謙虚で温厚な人間の一人でした。

もちろん、本人は「あんな体験は二度としたくない」と言っていますが、同時に「それは現在の自分をつくってくれた貴重な経験だった」とも言っています。どんな状況でもポジティブな面を見つけることができることを確信していたのです。彼のその後の人生は、それが完全に正しかったことの証しです。

「すべてのことは理由があって起きる」と考えれば、**どんなに困難な出来事でも、より強く、より賢くなるためのチャンスととらえることができます。**次の2つのエクササイズをやってみてください。人生のすべてのステップが、自分を少しずつ夢に近づけてくれているということに気づくはずです。

1　「この経験が教えてくれている潜在的なチャンスとは何か?」と紙に書き、それを机の上やパソコンの画面の横に貼って絶えず見る。そうすることによって、どんな出来事にもポジティブな面を探す習慣が身につきます。

2 「なりうる最高の自分になるために、世の中がこの経験をさせてくれている」と自分に何度も言い聞かせる。このやり方は慣れないうちは違和感があるかもしれないが、繰り返しているうちに大きな効果を発揮します。

悲観主義者はあらゆる
チャンスの中に困難を見るが、
楽観主義者はあらゆる
困難の中にチャンスを見る。

――ウインストン・チャーチル（イギリスの政治家）

原　則
6

目標設定の力を活用する

12

目標をすべて紙に書きとめる

以前、多くの人から「人生で欲しいものを明確にし、具体的で測定可能な目標を設定しろ」と言われました。それはたしかに良いアドバイスでしたが、あまりにも頻繁に聞かされたので、私は「目標設定」と聞いただけで拒絶するようになりました。

ある日、本当に効果があるのかを確かめるために、試してみることにしました。**欲しいものをすべて紙に書き、それを目標にしたのです。**

すると驚いたことに、学業とスポーツの成績が伸び、人生の他の分野でもうまくいくようになったのです。卒業後、事業を立ち上げてからも成功をおさめました。しかし私にとって大きかったのは、結果がはっきり出ることで、自分の進歩の度合いがわかるようになり、その結果、自分に自信を持てるようになったことです。

目標を書きとめると、不思議なことが起こり始めます。それは、この方法を試した人すべてが証言していることです。

あなたが本気なら、この章はこの本の中で最も重要かもしれません。目標設定は未来を事前に想像する機会を与えてくれますから、これは絶対におすすめです。

目標設定・2つのルール

自分の能力を最大限に発揮するためには、一生懸命に働き、狙いを定め、朝起きるための理由が必要です。目標に向かって勢いよく進み続けなければ、自転車と同じように転倒してしまいます。その結果、生きる意欲を喪失してしまいかねません。目標を設定すれば、それを現実にするために脳を日夜働かせることになります。しかし、それには、2つの条件が必要です。

1 測定可能であること（金額、重さ、長さ、頁数など）

2 達成期限が決まっていること（時間や日付など）

具体例を紹介しましょう。次の2つのうち、どちらがいいと思いますか？

A 6月30日までに体重を60キロに落とす

B 絶対に痩せる

もちろん、答えはAです。目標を具体的に表現し、日付を入れることが重要です。あいまいな目標はあいまいな結果しか生みません。「絶対に痩せる」という目標なら、たった1キロ痩せるだけでも目標を達成したことになってしまうのです。

それと同様に、「より良い人生を手に入れる」という目標もあいまいで具体性がなく、達成期限が決められていません。目標ではなく「いいアイデア」にすぎないのです。

目標を絶えず見直す

目標を書いたまま放っておいてはいけません。大きなものも小さなものも、いったん目標をすべて書き出したら、次のステップは絶えず情熱をわきあがらせて、毎日、そのリストを見直すことです。

- **1回に1つの目標を、声に出して読んでみましょう。**
- **目を閉じて、1つひとつの目標がすでに達成したかのようにイメージしましょう。**
- **それぞれの目標を達成したらどんな気分になるか想像しましょう。**

これは現時点では幻想のように思えるかもしれません。しかし、まもなく脳は目標と現実のギャップを埋めるために働きはじめます。言い換えれば、**脳は、あなたがしたいこと、なりたいもの、手に入れたいものと、あなたの現在の生活のギャップを埋める方法を探し求めるということです。**

脳は驚異的な力を持っています。問題は、ほとんどの人が脳を活用して自分を変えるために役立てていないために、人生に失望してしまっていることです。人々は自分が望んでいる人生を設計せず、ワクワクする未来を創造してこなかったのです。

ここでアドバイスをしましょう。そういう人たちの仲間入りをしてはいけません。誰もあなたに代わって腕立て伏せをすることができないのと同じように、誰もあなたに代わって目標設定をすることができないのです。

いったん目標を設定し、それを現実にするために脳を作動させたら、毎日、目標に近づけるようなことをして脳の働きを助けましょう。

人はみな、
何かに対して情熱を感じています。
それを見つけ、
情熱を燃やし続けることが、
私たちの人生の目標です。

――メアリー・ルー・レットン
（アメリカの女子体操選手、オリンピック金メダリスト）

13 モチベーションを維持する

どんなに一生懸命に目標を目指していても、集中力を妨げる要素は無数にあります。モチベーションを維持し、目標に意識を集中し続けるための工夫を紹介しましょう。

1 インデックスカードに目標を書く

そのカードを財布の中に入れて頻繁に見ることによって絶えず目標を思い起こすと効果的です。

2 手帳に書き込む

毎日、目標を手帳に書いて、毎週、進捗状況を記録するのも効果があります。

オリンピックの十種競技の金メダリスト、ブルース・ジェンナーが若手の選手たちに「自分の目標をリストアップしているか？」と質問したところ、全員が手を挙げました。「今、そのリストを持っているか？」と質問すると、たった一人だけが手を挙げました。彼の名はダン・オブライエンで、その後、1996年のアトランタオリンピックで金メダルを獲得した人物です。

3 自分に手紙を書く

奇抜なアイデアだと思うかもしれませんが、たいへん効果があります。

武道家の映画スター、ブルース・リーは自分に手紙を書いていました。ニューヨークのプラネットハリウッドというレストランには、彼が1970年1月9日付で自分宛てに書いた手紙が壁に飾られています。「私はカメラの前で最高の演技を披露し、1980年までに全米で最も有名な東洋系の映画俳優になって一千万ドルを稼ぐ」という文面です。1973年の主演作『燃えよ、ドラゴン』が大ヒットとなって彼は世界的な名声を獲得し、7年早く目標を達成しました。

幸せを手に入れたいなら、
自分の思考を支配する目標を設定し、
エネルギーを解き放ち、
希望をわき上がらせることだ。
——アンドリュー・カーネギー（アメリカの実業家、慈善家）

14

3つの脅威を乗り越える

目標を設定すると、3つの脅威を経験します。心配事、恐怖心、障害物です。

それは、実は目標達成のプロセスの一部であり、歓迎すべきことであるにもかかわらず、ほとんどの人は、これらの脅威が現れると驚きます。成功への旅が常に平穏無事で、計画どおりに進むと信じているからです。

しかし、人生では予期せぬことが必ず起こります。最終的に成功する人たちは、それらの試練を乗り越える人たちです。

目標とは挑戦のことです。基本的に、**私たちは特定の目標を達成することによって人生をよりよくするという決断をしています。**どんな挑戦にも問題は付き物です。それは、本当に目標を達成したいかどうかを試されているだけかもしれません。

1　心配事

多くの人は「努力するのはつらい」「遊ぶ時間が減る」などと心配します。能力があるのに自分にネガティブに話しかけて、やる気を失ってはいけません。

2　恐怖心

どんなに勇敢な人でも拒絶や失敗に対する恐怖心を持っています。しかし、恐怖心を持つことは成功への旅の一部であることを思い出すことが重要です。

3　障害物

成功への旅を歩んでいると、必ず障害物に遭遇します。しかし、それは一時的なものにすぎませんから、粘り強さを発揮すれば乗り越えることができます。

残念なことに、以上の3つの脅威を経験すると、ほとんどの人は行き止まりのサインだと勘違いします。

しかし、それは成功への旅の一部なのです。そういう脅威を経験しないなら、自分を成長させるだけの大きな目標を設定していないことになります。

月を狙って撃て。たとえ撃ち損じても、
どこかの星に当たる可能性がある。

——作者不詳

15

目標達成を通じて自分を成長させる

人生で本当に大切なのは、お金や車、服、家、権力、名声ではありません。

しかし、あまりにも多くの人が金銭欲、物欲、名誉欲にとらわれているのが現状です。私たちは人生の終わりにそれらのものと別れることになります。しかも一瞬のうちに。

人生で最も大切なのは、真の成功者たちが口をそろえて言うように、自分が目標を達成する過程でどんな人間になったかということです。

具体的に質問しましょう。

- 試練を乗り越えて果敢に挑戦したか？
- 潜在能力をぞんぶんに発揮したか？
- 人々の生活に貢献したか？
- 世の中を少しでもよくしたか？

以上の質問にどう答えるかが最も大切なのです。

目標を達成することの究極の恩恵は、人間としての成長を遂げることにあります。それは絶対の真理です。最終的に、私たちの最大の財産は自分自身なのです。

ツール・ド・フランスで前人未到の7連覇を果たしたランス・アームストロングは、

「最も大切なのはレースに勝つことではなく、自分がどんな人物であるかということだ」と言っています。まったく、そのとおりです。

自分を成長させ、素晴らしいことをし、立派な人間になり、人々を勇気づけることができる人間になりましょう。

もし人生に退屈し、
何かに対して燃えるような
情熱を持って毎朝起きないなら、
あなたは十分な目標を持っていない。

――ルー・ホルツ（元全米大学フットボールコーチ、テレビ解説者）

原　則

7

ブレーキを解除する

16

自分で人生のブレーキをかけていることに気づく

自転車で目的地まで行きたいのですが、ペダルが重くて四苦八苦しているとしましょう。タイヤを見るとブレーキがかかっています。あなたはどうしますか?

ブレーキに負けまいと、もっと強くペダルをこぐでしょうか。そんなことはないはずです。ブレーキを解き放ちさえすれば、苦労しなくても前に進むことができます。

ブレーキの唯一の目的は速度を遅くすることです。しかし、ほとんどの人は心の中でブレーキをかけながら人生を歩んでいます。

「自分にはそれをする能力がない」「うまくできない」と絶えず言って、自分の足を引っ張っているのです。自分が物事を仕損じて目標を達成しそこなっているネガティブなイメージを抱き続けています。

心のブレーキのために自分の「快適空間」の中に閉じ込められているのです。

快適空間とは、心配事や恐怖心を持たず、失敗を避けて安心して暮らしていける心理的な場所のことです。なぜ、それがよくないのでしょうか？　それは、そこに閉じこもっているかぎり、新しい経験をしたり大きな目標を達成したりすることができず、いつまでたっても成長しないからです。

快適空間に閉じこもっている人は、心の中で自分にブレーキをかけながら生きています。目標を達成しようとすると、自分に対するネガティブな思考とイメージがいつも意欲をそいでしまうのです。しかも悲しいことに、ブレーキをかけていることを自覚していません。

それに対し成功者は、心の中でブレーキをかけていることに素早く気づき、それを解き放つ方法を知っています。私たちも、自分を限定する信念とネガティブなセルフイメージを解き放ち、ポジティブな信念とセルフイメージに変える必要があります。

見えないロープから自由になる

私たちは快適空間を、潜在能力の限界として受け入れるクセがついています。その結果、私たちは自分を限定しながら生きているのです。

ゾウの赤ちゃんは、生後すぐにロープで木の杭にくくりつけられます。しばらくはロープを解き放とうとするのですが、自分の小さな力ではそれができないことがわかると、あきらめて、その快適空間に安住しようとします。

その後、ゾウは5トンもの巨体になり、簡単にロープを解き放てるだけの力を持ちます。しかし、悲しいことに「自分はできない」と思い込んで、じっとしています。その結果、あんなに巨大なゾウが小さな木の杭にくくりつけられたままになっているのです。

自分がつながれているロープについて考えましょう。あなたは真実ではないことを自分や他の人によって信じ込まされていないでしょうか。私たちのロープは目に見えません。自分を限定している思い込みやネガティブなセルフイメージは肉眼では見えないからです。しかし、それは鋼鉄の鎖のように強固です。解決策を提案しましょう。

1　自分への語りかけを改善する

「できない」と言って自分をこき下ろすのではなく、「できる」「自分はそれが得意だ」というポジティブな語りかけと取り替えましょう。

2　**自分が望んでいる人生をイメージする**

自分がしたいことをし、なりたい自分になっている姿を鮮明にイメージしましょう。

3　**自分の行動を変える**

目標に向かって第一歩を踏み出しましょう。行動を起こせば起こすほど自信がわいてきます。多くの場合、最初の一歩を踏み出すのが最も難しいのですが、いったんそれをすれば、勢いがついてロープを解き放つことができます。

人生の目的をはっきり決めて、
それに沿って
自分のすべての行動を組み立てろ。
――ブライアン・トレーシー（アメリカの著述家、講演家）

17 負の連鎖を断ち切る

選手の能力を最大限に引き出すコーチとそうでないコーチがいるのはなぜでしょうか？

一つの理由は負の連鎖です。下手なコーチは選手の間違いを指摘し、「ボールを落とすな」「ショットをミスするな」と言います。その結果、選手の頭の中にはコーチの言葉がネガティブなイメージとして定着します。当然、脳はそれを再生し、選手はまたしてもボールを落としたりショットをミスしたりしてしまうのです。

それに対し上手なコーチは改善点を指摘し、「次はうまくキャッチできる」「ショットを成功させられる」と選手に言い聞かせます。当然、選手の頭の中には、ボールをキャッチしたりショットを成功させたりしている、ポジティブなイメージが定着します。

この差は歴然としています。起きてほしくないものについて考え続けると、脳がそれにフォーカスし、ますますそれが起きてしまうのです。しかし嬉しいことに、**起きてほしいものについて考え続けていると、それが起きやすくなります。**

アファメーションを活用する

古い快適空間を打ち破る強力な方法は、脳にポジティブで新しい思考とイメージを植えつけることです。そして、欲しいものがすべてすでに手に入っているかのようにそれを見るのです。このテクニックは「アファメーション」と呼ばれています。

私がアファメーションについて初めて聞いたとき、「いったいそれは何?」と思いました。違和感があったために使わなかったのですが、自信が持てずに悩んでいたので試してみることにしました。しばらくすると、自分のアファメーションが真実だと信じるようになりました。状況が好転するのをたんに期待するのではなく、自信がわいてきて積極的に働きかけるようになったのです。もし半信半疑なら、ぜひ試してみることをおすすめします。失うものは何もなく、得るものばかりです。

アファメーションは目標を達成するために必要なポジティブな暗示と勢いを与えてくれます。それはうまく説明できませんが、大切なのはこのテクニックが効果抜群であるということです。一部の人はこれを「魔法」とすら表現しています。

映画俳優のジム・キャリーは1994年のインタビューで次のように語っています。

僕はずっと魔法を信じてきました。仕事がないとき、毎晩、丘の上に登って景色を眺め、両手を広げて「僕は素晴らしい役者だ。映画の出演オファーがいっぱいある」と言ったものです。そしてその言葉を何度も繰り返し、輝かしい未来を自分に確信させたのです。さらに、丘を下りながら、「これから出演のオファーが殺到するぞ。」とても楽しみでワクワクする」と言いました。僕はまさにアファメーションを実行していたのです。

効果的なアファメーションをつくる7つのポイント

1 **「私は」で始める**　この言葉は脳に指令を出す働きがあり、行動を促します。

2 **現在形を使う**　目標がすでに達成されて楽しんでいるかのように表現しましょう。

3　**肯定文で表現する**　潜在意識は否定文を認識できませんから避けましょう。
例「私はジャンクフードに手を出さない」→「私はヘルシーな食べ物が好きだ」

4　**簡潔に表現する**　目標をテレビのCMのように簡潔に表現しましょう。
目標「私は今年の8月末までに体重を60キロにする」
アファメーション「私は60キロの体重になって気分爽快だ」

5　**具体的に表現する**　結果を求めるなら、正確な数値を使いましょう。
例「私はいい成績をとる」→「私は○○という営業成績を祝っている」

6　**行動的に表現する**　自分が行動を起こしているイメージを思い描きましょう。
例「私は正直だ」→「私は自信を持って自分を正直に表現する」

7　**ポジティブな感情表現を入れる**　目標達成のプロセスを楽しむことが重要です。
例「私は業績を上げるために頑張っている」→「私は業績向上を祝っている」

夢の実現を妨げている最大の要因は、
あなた自身である。

——作者不詳

原則 8

欲しいものを見て、それを手に入れる

18

想像力を活用する

ウォルト・ディズニーがフロリダの広大な敷地に年間数百万人を呼び寄せる「魔法の国」をつくると宣言したとき、多くの人が「彼は頭がおかしい」と思いました。

ウォルトは自分のビジョンが現実になるさまを見ながらも、ディズニー・ワールドが完成する前に急逝しました。

ウォルトの奥さんは開園式のときに、記者から「ご主人がこれを見ることができずに亡くなったのは残念ですね」と言われると、「いいえ、夫は誰よりも前にこれを見ていました」と答えました。

これこそがイメージトレーニングの力です。

イメージトレーニングとは、手に入れたいものやなりたい自分について、脳の中で鮮明な画像をつくることで、あなたが最も活用していない方法の一つかもしれません。

普通の人々は「見なければ信じられない」と言いますが、多くの偉人は見る前に信じていました。言い換えれば、彼らは**夢が実現する前に、それを信じて脳の中で夢が実現している様子をイメージしていたのです。**実例を紹介しましょう。

科学者たちが「有人飛行は不可能だ」と主張していたにもかかわらず、ライト兄弟は自分たちが飛行機に乗って空を飛んでいる様子をイメージし、世界初の有人飛行に成功しました。

誰もがロウソクの明かりで暮らしていた時代に、エジソンはそれに替わる電球をイメージし、ついにその発明に成功しました。

文字よりイメージを脳裏に焼きつける

こんな実験をしてみましょう。「お金」と聞いて真っ先に思い浮かべるのは、お金という文字か画像か、どちらでしょうか?

誰もが文字ではなく画像を思い浮かべるはずです。なぜなら、脳は文字ではなく、画像でイメージするものだからです。

営業成績、新車、海外旅行など、自分の目標を脳内でイメージするとき、脳はそれを現実にしようとします。

しかし、もし不安に満ちたネガティブな画像を絶えず脳内でイメージするとどうなるでしょう？　当然、脳はそれを現実にしようとします。

嬉しいことに、**ポジティブなイメージを明確な目標と組み合わせると、ネガティブなイメージよりもはるかに強い影響力を持ちます。**

だから、ポジティブなイメージと思考を持つ楽観主義者は、ネガティブなイメージと思考しか持たない悲観主義者よりも業績を上げ、幸せになる可能性が高いのです。

イメージトレーニングをする際に脳の力をさらに活用させるためには、目標に関係の深い写真を頻繁に見ることです。

たとえば、もしフランスに旅行することを目標にしているのなら、エッフェル塔の写真の下に自分の写真を貼りつけて、まるで自分がそこにいるかのようにイメージするといいでしょう。

NASAが人類を月に送り出すために努力していたとき、イメージトレーニングの力を知っていたスタッフが研究所の壁に月の巨大な写真を貼りました。

その結果、全員が目標を明確に思い描き、予定より2年早く目標を達成することができました。

想像力がすべてだ。それは
人生でこれから起きることの
予告編である。

――アルバート・アインシュタイン（アメリカの物理学者）

19

イメージトレーニングで実現を加速する

私たちが暮らしている世の中は、夢やビジョンとして始まったものであふれています。椅子や服、車、本など、身のまわりのものはどれも、最初はアイデアとして始まったものばかりです。

欲しいもののイメージが鮮明であればあるほど、それをそのまま現実にできる可能性が高くなります。ほとんどの人は最善を期待しながら生きているだけで、人生を偶然にまかせていることが多いのが実情です。

最善を期待しているだけでは十分ではありません。私たちはその実現を加速させるためにイメージトレーニングをする必要があるのです。

イメージトレーニングには次の3つの効果があります。

1　創造性をかきたてる

2　目標の実現のためにすべきことを考えるよう脳に働きかける

3　目標の実現に必要な人とチャンスを引き寄せる

かつて、イメージトレーニングは嘘っぽい方法だと考えられていました。しかし、今ではその効果を証明する多くのデータがそろっています。

たとえばハーバード大学の研究では、事前にイメージトレーニングをした学生たちは100パーセントに近い確率で成果を上げたのに対し、イメージトレーニングをしなかった学生たちは55パーセントの確率でしか成果を上げることができませんでした。

言い換えれば、イメージトレーニングによって脳が多くのことを達成するということです。

一流選手たちはその効果のほどをよく知っています。100勝を超えるツアー優勝を果たした伝説のプロゴルファー、ジャック・ニクラウスはこう語っています。

私は練習の時でも、必ず頭の中で鮮明にイメージしながらショットを打つようにしています。それはフルカラーの映画のようです。まず、緑の芝生の上で堂々と振舞っている自分の姿を見ます。次に、白いボールが青空の中で放物線を描いて緑の芝生の上に着地するまでの様子を見て、最後に、自分がそれらのイメージを現実にするようなスイングをしている姿を見るのです。

目標を鮮明に思い描くと、脳はそのイメージと現実とのギャップを埋めるためにできることをするのです。

プレゼンテーション、営業活動、貯金、その他どんな目標でも、イメージトレーニングの力を積極的に活用しましょう。そうすることによって、結果を最大化するのに役立ちます。

目が見えないよりも
残念なことがあるでしょうか？
もしあるとすれば、それは、
ビジョンを持っていないことです。
目が見えるのに
ビジョンを持っていないのは、
たいへん残念なことです。

――ヘレン・ケラー（アメリカの社会運動家）

原　則
9

リハーサルする

20

成功をイメージして行動する

成功したいなら、まるですでに成功しているかのように行動することが重要です。

ただし、傲慢な振る舞いや見せかけだけの振る舞いをするという意味ではありません。

すでに目標を達成したかのように考え、話し、服装をし、行動し、感じることによってポジティブなセルフイメージを先取りするということです。

この原理を使えば、自分が成功に値する人間であり、成功する準備ができているという強力なメッセージを脳に送ることができます。イメージトレーニングで説明したとおり、脳は目標の達成を予想すると、それを現実にする方法を絶えず探します。

夢をかなえるリハーサルをする

フレッド・カップルズとジム・ナンツは子どものころからゴルフが好きで、大きな夢を持っていました。フレッドの目標はマスターズ・トーナメントに出場することで、ジムの目標はCBSスポーツのアナウンサーになることでした。

2人は学生のころ、フレッドが緑のジャケットを着て、CBSスポーツのジムにインタビューされるごっこ遊びをしていました。

14年後、2人はまさにそのシーンを全世界の人々が見守る中で再現しました。フレッドはマスターズで優勝を果たし、CBSのアナウンサーであるジムにインタビューされたのです。作り話のようですが、これは本当に起きたことです。

フレッドとジムは不思議な感覚を抱きました。それをデジャヴ（既視感）と呼ぼうと、どんな呼び方をしようと、彼らがリハーサルを現実にしたことには違いがありません。まるで現実であるかのように振る舞うことによって夢をかなえた実例です。

あなたも夢をかなえるリハーサルをしましょう。まるで目標が現実になったかのように振る舞うのです。

あなたはどんな目標を実現し、どんな人物になりたいですか？

どんな生活をし、どんな服装をし、どんな話し方をしたいですか？

未来の自分を明確にイメージして、そのイメージどおりに演じましょう。

成功者は自信をつけるためにこの原理を使っています。彼らは自分ができると信じ、事前に成功を祝い、その喜びを人々と分かち合うのです。

嬉しいことに、あなたもその一人になることができます。実際に成功して豊かな生活を手に入れる前に、まるでそれが現実であるかのように振る舞えばいいのです。

この方法は成功への旅を加速させるのに役立ちます。目標が現実になるまで待たなくても、自分が成功しているかのように振る舞うことは可能です。今すぐにやってみましょう。この方法を実行すればすぐに、目標を現実にするのに役立つ人と機会を引き寄せることができます。

「なりたい自分になるパーティー」を催す

あなたはパーティーに行って楽しく過ごすのは好きですか。もしそうなら、人生を永遠に変えるパーティーに参加してみてはどうでしょう。私たちはそれを「なりたい自分になるパーティー」と呼んでいます。

パーティーのやり方はこんな具合です。**事前に友だちに連絡をし、5年後にどんな自分になりたいか、どんな仕事をしてどんな業績をあげたいかを考えてくるように言います。**自分の理想的な未来像がわかれば、服装や話し方を含めて、なりたい自分になりきってパーティーに来てもらうのです。その人たちにはパーティーの趣旨を「未来を先取りして経験する機会」と説明すればいいでしょう。

パーティー会場では、まるで5年後のように振る舞い、自分の業績と成功にフォーカスしましょう。つまり、一晩中ずっと5年後の自分になりきって過ごすのです。たとえば、作家として成功したいなら、表紙に自分の名前を記した本を何冊か持ち込み、新聞のベストセラーリストに自分の名前と本のタイトルを記入します。ミュージシャンとして成功したいなら、自分のバンドの名前をプリントしたTシャツを着て、まるでコンサートに出演するかのような服装をし、楽器を持ってくるのです。

このパーティーは愉快なだけでなく、心理的な効果もあります。自分の願望がすでに実現しているイメージを脳に送ることができますし、**この迫真の経験とポジティブな感情を組み合わせれば、自尊心を強化することができるからです。**それが自信につながり、自分は必ず夢を実現できるという信念が脳に伝わります。

本当かどうかを知るには、試してみるしかありません。友人たちと一緒に「なりたい自分になるパーティー」を開催しましょう。忘れられない経験になるはずです。20年後、振り返ってみると、「あのときはそういうふりをしていただけなのに、本当にそうなることができた！」ということになる可能性も大いにあります。

絶対に失敗しないと
信じて行動しろ。
――チャールズ・ケタリング（アメリカの発明家）

原則 10

第一歩を踏み出す

21

最初の勢いを活用する

あなたは雪だるまを丘の上から転がしたことがありますか？

最初はゆっくりと動いていますから、簡単に止めることができます。しかし、斜面を転がり続けているうちに、雪だるまはますます大きくなります。やがて猛烈なスピードが出ると、止めることがほとんどできなくなります。

このことから学ぶべき教訓とは何でしょうか？

私たちは生活の中で勢いを活用することを怠りがちです。**いったん行動を起こして何かを始めると、勢いがついてきます。そうしているうちに自信がついてきて能力も高まります。**その結果、勢いを止めることができなくなるくらいになります。

何かをすると決意し、実際に行動を起こして勢いがついたら、目に見えないエネルギーが働き、目標を実現するのに役立つチャンスと人を引き寄せることができます。

しかし、それには第一歩を踏み出さなければなりません。そしてそれに全身全霊を傾けることが重要です。

夢を迎えにいく

たとえ夢を持っていても、それを実現する方法がわからないとき、私たちは第一歩を踏み出すのが怖くてできません。

しかし、そんなときこそ**思いきって第一歩を踏み出すことが重要です。**

人生は不確実なことで満ちあふれています。

そこで多くの人は失敗を恐れるあまり、完璧なチャンスが到来するのを待って人生を過ごしています。そしてもしその完璧なチャンスが到来したら、行動を起こそうと考えているのです。

しかし、それは大きな間違いと言わざるを得ません。

結局、そういう人は成功が向こうからやってくるのを待って生涯を終えてしまうことになりかねないからです。

努力しなくてもやってくるのは老齢だけです。

それは決してワクワクするような報酬ではありません。遅かれ早かれ、私たちは新しい可能性を創造するために自分でチャンスを見つけなければならないのです。

たしかに人生は不確実な要素で満ちあふれていますが、何もしなければ何も手に入れることができません。

大成功をおさめた人たちは、夢を追い求めたときにどんな結果になるかを知りませんでした。

しかし、彼らには一つの共通点があります。**成功するかどうかわからなくてもベストを尽くしたことです。**

とにかく第一歩を踏み出し、その後で必要になれば、軌道修正する。そうしながら前進を続ければ、やがて目的地に到着することができます。

夢は向こうからやってこないから、こちらから迎えにゆかなければならないのです。
たとえ、どんな結果になるか確信が持てなくても。

信念を持って第一歩を踏み出そう。
階段を全部見上げる必要はない。
第一歩を踏み出しさえすればいいのだ。

――マーティン・ルーサー・キング・ジュニア
（アメリカの牧師）

原　則
11

恐怖心と向き合う

22

恐怖心の中身をよく知る

何をするにせよ、人はみな恐怖心と向き合う必要があります。成功者は恐怖心を持っていないと思われがちですが、それは真実ではありません。

恐怖心を持つことは自然なことであり、誰もがそれに対処しなければならないのです。

恐怖心は、脳がその本来の機能を果たしている証しです。たとえば、

原則 11

恐怖心と向き合う

- 道路を横断するときに気をつける
- 高い所から落ちないように用心する
- 財布をとられないように警戒する

このように恐怖心を持つことはごく自然であり、身の安全を確保するために役立っています。しかし残念なことに、ほとんどの人はさまざまな恐怖心のために夢の実現に必要な行動をとれなくなっているのが実情です。

それに対し**成功者は、ほとんどの人と同じように恐怖心を持ちながらも、そのためにおじけづくことがありません。**言い換えれば、彼らは恐怖心を持ちつつも必要なことをします。

太古の頃、恐怖心は人間に注意を促す合図でした。それは身の危険が迫っていることを知らせて、一目散に逃げるのに必要なアドレナリンを分泌する役割を果たしていたのです。

しかし、安心してください。今日では猛獣から逃げる必要はありません。現代人が持っている恐怖心の多くは生命を脅かす性質のものではないからです。

明るい未来を見る

飛行機の墜落のような恐ろしいことが起きるのを想像するとき、脳は感情を高めるためにイメージの力を使います。脳の中のネガティブな映像が強烈であればあるほど、私たちは多くの恐怖を経験します。

しかし、**ポジティブなことを想像してそのプロセスを逆転させることもできます。**


（スコットのエピソード）

自分が何を恐れているかを考えたところ、最大の恐怖は人前で話すことでした。私

原則11

恐怖心と向き合う

にとってこのことは大きな問題でした。プロジェクトを立ち上げるためには、人々の前でプレゼンテーションをしなければならないからです。

あるとき、自分の持っている恐怖心の内容を紙に書いてみました。すると、私は、絶対に起きないような最悪の事態をイメージしては、気分が悪くなっていることに気づきました。

そこで私はやり方を変え、自分が部屋の前に立って人々に情熱的に呼びかけている姿をイメージするようにしたのです。人々が笑顔を浮かべてスピーチに耳を傾けている様子もイメージしました。

最初は、気分が少し変化したことに気づきました。そして、自分が上手にスピーチをしている姿を何度もイメージすることによって、脳がますます冴えてきました。その結果、以前のように気分が悪くなることはなくなりました。

スピーチの日が来たとき、私は部屋まで堂々と歩いていって話すことができました。

まるで名演説をしたかのような感覚です。恐怖心が完全に消えたわけではありませんが、それを乗り越えてスピーチをする自信を得ました。その結果、プレゼンテーションは成功し、おじけづかなかったことで自尊心が高まりました。

あまりにも多くの人が恐怖心にとらわれ、
夢を追うことができずに生きている。

――レス・ブラウン（アメリカの著述家、講演家）

23

恐怖心が大きいときは、より小さい試練にフォーカスする

最近、アマンダという若い女性と話をしました。スタンフォード大学に行くという目標を持ち、それに向かって邁進していたのですが、この1年間、恐怖に悩まされるようになったというのです。

いくつかの質問をしたところ、彼女は大きな目標に圧倒されているようでした。彼女が持っていた恐怖心を要約すると次のようになります。

- うまくいかなかったらどうしよう?
- 拒絶されたらどうしよう?
- 失敗したらどうやって生きていけばいいかわからない

じっくり話し合った結果、私たちは彼女に「一度に全部のことをしようとせず、一度に一つのことに集中したほうがいい」とアドバイスしました。

彼女がそれにしたがって大きな目標を一連の小さなステップに分割すると、それまで持っていた恐怖心が小さくなり、落ち着いて課題に取り組むことができるようになりました。

恐怖心が大きすぎて身動きがとれないなら、より小さい試練にフォーカスして、恐怖心を小さくしましょう。一度に一歩ずつ着実に進めば、恐怖心ははるかにコントロールしやすくなります。

夢や目標の大きさに圧倒されることも時にはあるでしょう。

しかし、すべての課題を一気に片づけようとするのではなく、明確で現実的な計画を立てて次のステップにフォーカスするようにすれば、そういう恐怖心を持つ必要はなくなります。

恐怖心と向き合い、
それをリストアップし、
中身をよく知れば、
恐怖心を乗り越えて
前進することができる。

――ジェリー・ギリーズ（アメリカの作家）

原則
12

進んで代償を払う

24

絶対にやり抜くという意志を持つ

ジム・キャリーは各地のお笑い劇場を転々として極貧生活を送っていましたが、チャンスをつかんでハリウッドのドル箱スターになりました。

マイケル・ジョーダンは高校時代には活躍できなかったものの、やがて頭角を現してプロバスケットボール史上最高のスーパースターになりました。

原則 12

進んで代償を払う

テッド・アリソンは2回も破産の憂き目にあいながら、どん底から這い上がって、海運業で巨万の富を築きました。

ウォルト・ディズニーは7回も破産し、神経衰弱で倒れながらも、ついに「魔法の国」をつくって大きな夢を実現しました。

このような例はいくらでも挙げることができますが、すべてに共通しているのは、**あらゆる偉業と大成功の陰には代償、規律、練習があるということです。**

私たちは、一夜にして成功した人の例をよく耳にします。しかし、彼らが成功をおさめるまでに流してきた血と汗と涙についてはあまり知りません。成功するためには進んで代償を払わなければならないのです。

本当の成功は努力して手に入れるものです。

学校の成績を上げるにはテレビを見る時間を削らなければなりません。スリムな健康体になるにはジャンクフードを控えて運動をもっとする必要があります。お金を貯めるには無駄遣いをやめなければなりません。

目標を達成するには多くのことをする必要がありますが、**どんなことがあっても絶対にやり抜くという強い意志があれば、成功の可能性が飛躍的に高まります。**

代償を進んで払う覚悟があれば、途中でどんな試練や挫折を経験しても乗り越えることができるからです。

私の場合、一夜にして成功するには
16年という厳しい歳月が必要だった。
――ニック・ノルティ（アメリカの俳優、ゴールデングローブ賞受賞）

25

人の何倍も努力する

ビル・ブラッドレーはNBAのニューヨーク・ニックスでプレーし、オリンピックに出場して金メダルを獲得し、プロバスケットボールの殿堂入りを果たしました。

いったい、どうやってそんなに活躍することができたのでしょうか。要因はいくつかありますが、一つには高校時代に毎日4時間の地道な個人練習を続けたからです。

彼は自らに課した練習方法について著書の中でこう書いています。

「私はチームメートが帰ってからも練習を続けた。コートの5つの場所から15回連続でシュートが決まるまで練習を終えないことにしていた。一度でもミスすると、また最初からやり直す。この努力を大学、プロになるまで継続した」

ビルがやる気になったのは、高校のころ夏休みのバスケットキャンプに参加したのがきっかけです。

そのとき、エド・マコーレーというNBAのスター選手から直接指導を受け、「いいかい、**君が努力していないときでも、必ずどこかで誰かが努力していることを忘れてはいけないよ。**君がその人と出会ったとき、ほぼ同じ能力を持っているなら、おそらく相手が勝つ」と言われたのです。

ビルはそのアドバイスを肝に銘じて実行した結果、膨大な時間がかかりましたが、努力したことが報われました。

時間を有効に活用する

人はみな同等の才能と学歴を持っているわけではありませんが、持っている時間は誰でも同じです。

1日に24時間、1週間で168時間、年間で8760時間あります。この時間をどう使うかで、人生の質に最大の差が生じるのです。

始めるためにすべての条件が整うのを待っていてはいけません。どんな試練が待ち受けていようとも、今すぐに取りかかって最後までやり抜く決意をしましょう。

言い訳をしてはいけません。進んで代償を払って成功した人の例を紹介しましょう。

（ジャスミンのエピソード）

13歳のとき、ジャスミン・ローレンスはあるシャンプーを使って髪の毛がパサパサになる経験をしました。

しかし、そのことについてメーカーにクレームを言うのではなく、天然素材の製品を開発するアイデアを思いつき、それを製造販売するエデン・ボディーワークスという会社を立ち上げました。

ジャスミンは16歳にして社長を務め、業績を伸ばしています。

「大変な仕事の量でした。映画も観に行きたいですし、パーティーに参加したいときもありましたが、それを我慢して働きました。そんなに時間をかける価値があったかですって？　もちろんですとも」

ジャスミンの成功は全米のメディアの注目を浴び、テレビのトークショーに出演することになりました。

「こんなことになるとは思ってもみませんでしたが、成功できたことで周囲のみなさんにとても感謝しています。この数年間、時間をかけ、進んで代償を払わなければ、ここまで来ることはできなかったと思います」

いくら才能があっても関係ない。
「才能のある人」と
「実際に成功する人」の違いは、
努力を積み重ねるかどうかだ。

——スティーヴン・キング（アメリカの作家）

原　則
13

助けを求める

26

積極的に助けを求める

人生にはたくさんのチャンスがあります。しかし、それを手に入れるには人に助けを求めなければなりません。歴史を通じて、人に助けを求めることによって世の中を変えた例は無数にあります。いくつかの実例を紹介しましょう。

- もしクリストファー・コロンブスが女王イサベルに助けを求めて船と乗組員を確

保しなかったら、新大陸を発見することができたでしょうか？

- もしトーマス・エジソンが実験をするための資金を求めなかったら、あんなに多くの発明を成し遂げることができたでしょうか？
- もしもレオナルド・ダ・ヴィンチが師匠のベロッキオに指導を求めなかったら、あれだけ偉大な業績を上げることができたでしょうか？

以上のことからわかるように、**人に助けを求めることは決して弱者に限定されるのではなく、むしろ知恵と勇気のある人の成功の秘訣なのです。**

人に助けを求めることを恐れなければ、もっと潜在能力を活用して業績を上げることができます。欲しいものや必要なものを積極的に求めましょう。そうすることによって、多くの新しい扉が開いて無限の可能性が広がります。

プラス思考に切り替える

なぜ人々は助けを求めることを恐れるのでしょうか。

みっともないというのもありますが、最も一般的な理由は、断られることへの恐怖です。実際、人々は「ノー」という答えを聞くのを、非常に恐れています。

悲しいことに、人に頼むことが怖くてできない人たちは、自分で自分の頼みを断っています。言い換えれば、誰かがノーと言う前に、自分で自分にノーと言ってしまっているのです。（今までそんなふうに考えたことがありましたか？）

自分を限定する最悪のパターンの一つは、「自分のアイデアや要望は拒絶される」と思い込んでしまうことです。

自分の欲しいものや必要としているものについては遠慮せずに求めればいいのです。

原則13

助けを求める

ノーと言われても失うものは何もありません。それに対し、イエスと言ってもらえれば大きな得をします。

頼みさえすれば、よりよい条件で契約できたり、ワクワクする人たちと一緒に仕事ができたりするかもしれません。あるいは、あこがれの異性とデートできるかもしれないのです。恐れずに頼んでみましょう。そうすれば、可能性は無限に広がります。

マイナス思考は損です。マイナス思考に陥っていることに気づいたら、すぐに発想の転換をしてプラス思考に切り替えましょう。たとえばこんなふうに。

- 恥をかきたくない。↓　恥をかいてもどうということはない。
- 断られたらどうしよう。↓　受け入れてもらえたら万々歳だ。
- うまくいかなかったらどうしよう。↓　うまくいったらラッキーだ。

よりポジティブな質問をするとき、脳は人に頼むことの恩恵を探しはじめます。恩恵に気づけば気づくほど自信がわいてきます。頼めばどんな得をするかがわかれば、恐怖心を乗り越えて積極的に人に助けを求めることができます。

あなたは助けを求めなければならない。
私の意見では、
助けを求めることが
この世で最も効果的で、
最も見落とされがちな成功の秘訣である。

――パーシー・ロス（アメリカの大富豪、慈善家）

27

頼み方を工夫する

頼み方にはコツがあり、少し工夫をするだけで結果が大きく違ってきます。

1　**ポジティブな心構えで頼む**

絶対に「イエス」という返事をもらえると確信して頼みましょう。ただし傲慢な態度は慎み、相手に敬意を払って話しかけてください。

2 明確かつ具体的に頼む

あいまいな要望はあいまいな結果しかもたらしません。具体的な結果を得たいなら、具体的に頼みましょう。

×「もっといい座席はありませんか？」
○「前列に座ってもいいですか？」
×「バンド活動を支援するために寄付をしてもらえませんか？」
○「今度のコンテストに参加しますので、10ドルの寄付をしてもらえませんか？」
×「今度の週末を一緒に過ごしませんか？」
○「今度の土曜日に映画を観に行って、その後で夕食をご一緒しませんか？」

3 何度も頼む

一度頼めば何でも手に入ると考えるのは非現実的です。最も重要な成功法則の一つは「粘り強さ」です。何かを頼むと、一部の人はすぐに「ノー」と言います。しかし、気にする必要はありません。途中で「ノー」という返事を聞くことは、「代償を払う」ということです。ただし、何度か頼んでうまくいかなければ、別の人に頼むべきかもしれません。

結果を出せるという自信を持っている人は、何度断られてもくじけず、必ずチャンスを手にします。いつも前向きな姿勢で挑戦を続けることが成功の秘訣です。

粘り強く働きかける

ノートルダム大学のマーケティングのスペシャリストであるハーバート・トゥルー博士が、セールスパーソンの実態に関する詳細な研究をもとに、次のような統計を発表しています。

- 44パーセントが1回目の電話かけであきらめる
- 24パーセントが2回目の電話かけであきらめる
- 14パーセントが3回目の電話かけであきらめる
- 12パーセントが4回目の電話かけであきらめる

以上の数字をすべて足せば、すべてのセールスパーソンの94パーセントが4回目の電話かけまででであきらめていることになります。

しかし、ここに興味深い事実があります。すべての販売の60パーセントは、5回目以降の電話かけで成立しているのです。ということは、すべてのセールスパーソンの94パーセントが販売のチャンスの60パーセントを逸していることになります。

商品を売るために電話かけをすることも、目標を達成するために人に助けを求めることも、本質的には同じです。**リスクをとって、進んで代償を払うかどうかが問われているからです。**

よく考えてみると、人はみな各分野のセールスパーソンです。なぜなら、自分のアイデアや夢、目標、能力を売って生計を立てているからです。世界的な成功者ですらそうです。

要は、粘り強く助けを求めるかどうかです。成功する人はみなそうやって成功を手にします。それが最高の人生を手に入れる秘訣です。

何もせずに水を眺めているだけでは
海を渡ることはできない。

――ラビンドラナート・タゴール
（インドの詩人、ノーベル文学賞受賞）

28

頼むことの恐怖を取り除く

人に頼むことの力を活用したくても、頼むことは怖いという思いがあるかもしれません。幸い、効果的な解決策があります。こんなエクササイズをしてみましょう。

(1) **1枚の紙を用意し、人に頼むことができないでいることをリストアップする**

(2) **それを頼むことができない理由を書く**
あなたが抱いている恐怖心は何か？
必要なものを頼むときにどんな気持ちになるか？

(3) **頼まないことで自分がどんな損をしているかを書く**
必要なものを頼まないことで失っているものは何か？

(4) **必要なものを頼んで手に入れれば、人生がどう変わるかを書く**
それを手に入れれば、どんな恩恵を受けることができるか？
助けを得ることができれば、どんなに早く目標を達成できるか？

(5) **(1)でリストアップしたそれぞれについて、それを頼むべき理由を書く**
なぜ、それを頼む必要があるのか？

何であれ、初めてのときが最も難しいものです。しかし、慣れてくれば、必要なものを頼むことがどんどんうまくなり、欲しいものが手に入るようになります。

少し時間をかけて右のエクササイズをしてみてください。上手に活用すれば、大きな効果を発揮します。日常生活の中で必要なものと欲しいものを明確にし、適切な人にそれを頼みましょう。

大事なのは、
勝ちたいという気持ちではない。
それは誰でも持っている。
大事なのは、
勝つための準備をすることだ。

——ポール・ブライアント
（全米大学フットボールコーチ、最多勝利賞受賞）

原　則
14

拒絶をはねのける

29

拒絶を恐れず、むしろ歓迎する

フォード・モーターの創業者ヘンリー・フォードは組み立てラインで自動車を大量生産するというアイデアを思いつきました。自社製品が大勢の人々に快適さと便利さを提供し、移動時間を短縮させ、経済を活性化できるという確信があったのです。

ところが、そのアイデアを聞いた人たちは「ばかばかしい」とあざけりました。資金を集めようとすると拒絶され、メディアでもさんざん叩かれました。それでもフォードはあきらめませんでした。彼は世間の拒絶を拒絶したのです。

イギリスのアイザック・ニュートンは今では史上最高の科学者の一人と考えられていますが、当時の人々からは変人扱いされていました。万有引力の法則や光のスペクトル分析など、彼のさまざまな理論はいつも拒絶されていたのです。

かつて、大多数の人が「女性はパイロットになれない」と決めつけていました。しかし、アメリア・エアハートは世間の常識を破る決意をし、１９２８年、大西洋を飛行機で横断した最初の女性になりました。彼女は行動を通じて多くの女性に夢を追い求める勇気を与えたのです。

原則14

拒絶をはねのける

私たちが成功者を見るとき、その人たちの前に立ちはだかった障害物を見ることはめったにありません。私たちが注目するのは業績だけです。**成功者は拒絶にあわなかったと思われがちですが、それは真実ではありません。**

私たちは多くの成功者にインタビューをしてきましたが、彼らは「拒絶は成功のための必要条件だ」と口をそろえて言います。拒絶は恐れるべきことではなく歓迎すべきことなのです。

なぜなら、**拒絶から教訓を学べば、より強く、より賢く、よりよくなることができるからです。**

考えてみてください。もしフォードやニュートン、エアハートといった先駆者たちが世間の拒絶にあって簡単に夢をあきらめていたら、この世の中は今ごろどうなっていたでしょうか。

拒絶されたら別のやり方を試す

拒絶というのは、私たちの頭の中にだけ存在する思いにすぎません。少し考えてみればすぐにわかります。たとえば、誰かをデートに誘って拒絶されたら、もともとデートをしていなかったのですから、状況はなんら悪化していません。

もし状況が悪化するとすれば、自分がそのようにしているからです。たとえば、「自分はやっぱり魅力がないんだ」と思い込むと、拒絶されたような気分になって落ち込んでしまいます。このように拒絶とは自分の頭の中でつくり出しているだけなのです。それがわかれば、拒絶されても気にせずに前進を続けることができます。

行動を起こすことによって失うものは何もありません。拒絶がマイナス要因になるのは、次の2つのことが起きたときです。

1　拒絶されたために人格を否定されたと思い込んでしまうとき

2　拒絶されたために行動を起こすのをやめてしまうとき

大多数の人が拒絶はつらいと思っていますが、その理由について考えようとしません。拒絶されてつらいと思うのは、拒絶されると人格まで否定されたように感じるからですが、ほとんどの場合、それは真実ではありません。**たんに意見や提案が受け入**

れられなかっただけですから、工夫して別のやり方を試みればいいのです。

拒絶されるたびに「もう二度とやるものか」といった投げやりな態度をとるなら、夢や目標を実現することは絶対にできません。拒絶されたら、そこであきらめるのではなく、それをきっかけにモチベーションを高めればいいのです。

私のモチベーションは、
拒絶に対する反発心から生まれた。
――ハリソン・フォード（アメリカの俳優）

30
「誰かが待ってくれている」と自分に言い聞かせる

人生で実践すべき非常に効果的な方法を紹介しましょう。誰かに何かを頼むときはいつでも次の言葉を思い浮かべるのです。

「断られても気にすることはない。きっと、どこかで別の人が待ってくれている」

前章では、目標を達成するのに助けを求めることの重要性について話しました。

原則 14

拒絶をはねのける

人々が誰にも頼まない理由の一つは、拒絶されるのを恐れるからです。実際、誰かに何かを頼むと一部の人は必ずノーと言います。しかし、だからどうということはありません。

幸い、すべての人がノーと言うわけではなく、どこかで誰かがあなたを待ってくれています。

あなたのアイデア、やる気、スキルを求めている人は必ずどこかにいるのです。それはたんにどれだけ多くの人に声をかけるかという問題です。

今度、あなたが夢の実現に必要なものを頼むときは、「断られても気にすることはない。きっと、どこかで別の人が待ってくれている」と自分に言い聞かせましょう。

あなたが必要としているものは、必ず手に入ります。最後まであきらめないなら、やがてイエスという答えが得られるのです。

拒絶されても立ち止まらない

誰もがケンタッキー・フライド・チキンという名前を聞いたことがあるはずです。実際、世界中の人々がその名前を聞いたことがあるという事実は、かなり驚異的なことではないかと思います。

しかし、今でこそ有名なこのレストランチェーンですが、そう簡単に日の目を見ることができませんでした。

創業者のカーネル・サンダースはワゴン車で近所を回り、フライドチキンをつくって客に売ることから始めました。

それから9年間、調理法を完成させて人気を博しましたが、さらなる発展を望んでいました。

原則 14

拒絶をはねのける

サンダースは60歳近くになって故郷を去り、各地のレストランに秘伝の調理法を教えてフランチャイズとして加わってもらうというアイデアを売り込みましたが、300回以上も断られるつらい日々が続きました。

しかしそんなある日、ついに1人の賛同者が現れたのです。

現在、ケンタッキー・フライド・チキンが世界中の80か国で1万1000店を持つ巨大レストランチェーンにまで発展したのは、当初、創業者が300回以上の拒絶を乗り越えたからです。

カーネル・サンダースがこれほどまでに成功した理由は、**他の人たちがアイデアと夢を共有してくれないときでも立ち止まらなかったことです。**

私たちは、目標を達成する過程で多くの拒絶にあうという考え方に習熟しなければなりません。

成功の秘訣はあきらめないことです。誰かにノーと言われれば、「では次」と言って前進を続けましょう。

成功するには
情熱を持たなければなりません。
拒絶と失意を乗り越え、
自信を持ち続けるだけの情熱です。

——ジュリエット・ミルズ（イギリス出身の女優）

原　則
15
フィードバックを活用して前進する

31 絶えずフィードバックを得る

最新式のミサイルがどんなに精度が高いかを想像してみてください。何百キロも離れた場所から発射しても、標的から数センチ以内の場所に確実に命中すると言われています。

なぜそんなに精度が高いのか？　当初の弾道の設定が正確だからだと思っている人が多いのですが、それは真実ではありません。最新式のミサイルの精度の高さは、発射してからフィードバックを得て途中で軌道修正をする機能によるものなのです。

それと同じことが、成功者にも当てはまります。彼らは絶えずフィードバックを得る能力に長けているのです。精度の高いミサイルのように、彼らも**目標を正確に達成するために途中で重大な軌道修正を何度もおこないます。**

しかし残念ながら、あまりにも多くの人がそれとは正反対のことをしているのが実情です。行動計画を練りながら「失敗するのではないか」と絶えず心配して膨大なエネルギーを費やすために、結局、おじけづいて何もできなくなってしまうことがよくあります。

いったんなんらかの目標に向かって行動を起こせば、あなたはさまざまなフィードバックを得ることになります。それは助言や提案、称賛などの形をとることもありますが、批判という形をとることもあります。しかし、そういうフィードバックこそがあなたの軌道を絶えず修正するのに大いに役立つのです。

問題は、あなたがどのようにフィードバックに対応するかです。心を開いて批判に耳を傾け、それを取り入れて活用することによって、あなたは速やかに進歩を遂げることができます。

フィードバックを
最もたくさん得るものが勝ち残る。

――ケン・ブランチャード（アメリカの作家）

32

ネガティブなフィードバックを受け入れる

成功への旅の途中で、私たちはどんな種類のフィードバックに遭遇するでしょうか？

単純化すれば、フィードバックには「ポジティブなフィードバック」と「ネガティブなフィードバック」の2種類しかありません。

当然、ほとんどの人はポジティブなフィードバックを得たいと思っています。誰でもほめられると嬉しいですし、軌道に乗って正しいことをしているという実感を持つことができます。

一方で、ネガティブなフィードバックを好む人はあまりいません。苦情を言われたり叱られたりすると気分が悪くなりますから、大多数の人はそれを嫌がります。しかし、これを利用しない手はありません。**ネガティブなフィードバックには貴重な情報が満載されていて、仕事と人生に役立つヒントを提供してくれています。**それは私たちが間違った方向に進んでいることを教えてくれているのです。

人生ですべき最も重要なことの一つは、ネガティブなフィードバックに対する見方を変えることです。ネガティブなフィードバックを得たので失敗したと考えるのではなく、貴重な情報が入手できて嬉しいと考えるのです。たとえばこんなふうに。

世の中が私のやり方を改善する方法を教えてくれているのだ。これは学習と向上のチャンスであり、それをもとに行動パターンを変えれば目標に近づくことができる。

このように解釈の仕方を変えるだけで、人生のあらゆる分野で成功する確率が飛躍的に高まります。

ネガティブなフィードバックに対する3つの間違いについて指摘しましょう。

1　屈してあきらめる

ネガティブなフィードバックを得たときに「もう嫌だ。こんな批判には耐えられない」と言って投げ出してしまったらどうなるでしょうか。結局、進歩せずに終わってしまうことになります。

ネガティブなフィードバックは軌道修正のための情報にすぎないことを思い出しましょう。そうすれば、なんとか耐えて試練を乗り越えることができます。

2　情報源に激怒する

気に入らない意見を言った人に対し、「あなたは自分を何様だと思っているんだ!」と怒ったところで何も改善されません。腹を立てていると正しい解決策を思いつくことができませんから状況は悪化するだけです。過去を振り返り、誰かに腹を立てて役に立ったことが一度でもあったかどうか考えてみてください。

まず、情報源が悪いのではないことを肝に銘じましょう。そして冷静になり、深呼吸をして、自分がなぜそんなふうに感じているのかを考えましょう。おそらく、あなたは自分の人格が否定されたと勘違いしているはずです。

3 無視する

ネガティブなフィードバックを無視してもうまくいきません。他の人の意見をすべて無視して自分の考えだけで物事を進めようとする人は誰の周囲にもいます。ネガティブなフィードバックに耳を傾ければ、彼らの人生は飛躍的に好転するはずなのです。

今度、誰かからフィードバックを得たときに、それが真実で有益だと思ったら、「どうもありがとう。私のことを気遣って率直な意見を言ってくれたことに感謝します」とお礼を言いましょう。

あなたの脳はその情報を活用する方法を探しますから、成功に大きく近づくことができます。

失敗というのはない。
それはたんなるフィードバックだ。

――アメリカの格言

33

積極的にフィードバックを求める

成功に向けて急速に前進したいなら、フィードバックを待つのではなく、自分から積極的にそれを求めましょう。変なアイデアに思えるかもしれませんが、これは人生を劇的に変える情報をたくさん入手するための最善の方法です。

家族や友人、知人に「私が伸び悩んでいるのはなぜだと思うか?」と質問してみましょう。

彼らはあなたが気づいていない、ちょっとしたことを指摘してくれるかもしれません。**「そのちょっとしたこと」を実行すれば、あなたの人生は劇的に変わる可能性があるのです。**ちょうど、ミサイルがほんのわずか角度を変えて軌道修正するだけで大きな差が生じるのと同じように。

一部の人はフィードバックをするのを嫌がります。

あなたの気持ちを傷つけたくないのかもしれませんし、あなたに反論されるのを恐れているのかもしれません。しかし、あなたがそれを求めれば話は別です。

だからこそ、**あなたが積極的に相手のフィードバックを求めることが重要なのです。**

そうすることによって、あなたは腹を立てたり報復したりしないことを伝えることができます。

こんなふうに質問すると効果的です。

「私がもっと業績を上げるにはどうすればいいか？」

「もっといい同僚、友人、配偶者になるにはどうすればいいか?」
「どのようにやり方を変えれば、もっとうまくいくか?」
「あなたの経験では、どんなやり方が効果的だったか?」

相手の答えを聞くのは時にはつらいかもしれませんが、その情報が妥当であれば謙虚に受け入れて感謝しましょう。

あなたは自分の人生を好転させる情報を得ているのですから、こんなに素晴らしいことはないはずです。

人生で成功したいなら、
努力するしか方法がない。
どんな分野であれ、
努力せずに成功することは
絶対にできない。
努力すれば成功するし、
努力しないなら成功しない。

――ブルース・ジェンナー（オリンピックの十種競技金メダリスト）

原　則

16

七面鳥と
つき合わず、ワシ
とともに飛躍する

34

つき合う人を慎重に選ぶ

「最速の成功法則は何か？」と質問されると、私たちはいつも**「すでに成功している人か、成功するために一生懸命に努力している人を選んでつき合うこと」**と答えています。そういう人とつき合えば、刺激になって成長できるからです。

あまりにも単純な理屈のようですが、これは真実です。

あなたがつき合う友人たちは人生の質を決定する最大の要因になります。なぜなら、つき合う相手があなたの考え方と行動パターンに大きな影響を与えるからです。

好むと好まざるとにかかわらず、あなたは彼らのレベルにまで上昇または下降します。スポーツでも強いチームと対戦すると、相手に刺激されて自分たちのプレーのレベルがアップしますし、逆に弱いチームと対戦すると自分たちのプレーのレベルもダウンすることがよくあります。

要するに、つき合う相手に応じて自分の潜在能力が大きな影響を受けるということです。これはいくら強調してもしすぎることはありません。

相手といい刺激を与え合う

12歳のとき、ティム・フェリスは231ページにあるジム・ローンの名言を聞いて感銘を受けました。彼によると、この名言は人生を永遠に変えることになったそうです。

ティムは何日間もこの名言について熟考した結果、将来のことを考えると、当時、自分がつき合っていた友人たちの影響をこれ以上受けたくないという結論に達しました。そこで両親に相談して転校を求めたのです。実に思いきった行動です。

数年後、彼はプリンストン大学に入学して一生懸命に勉強するかたわら、全米キックボクシングチャンピオンになり、卒業後は実業家として会社を経営しています。ティムは**「人間はつき合っている人に似てくる」という成功者なら誰でも知っている教訓を学んで実践したのです。**

あなたの最も親しい5人の友人は、あなたの仕事の業績や学業の成績にどんな影響を与えていますか？　その5人の友人の業績や成績の平均は、あなたのそれとほぼ一致していませんか？　今、調べてみてください。

さて、何がわかったでしょうか。友人たちはあなたにいい刺激を与えて成功へと駆り立ててくれていますか？　逆の方向から見て、あなたは友人たちにいい刺激を与えて成功へと駆り立てていますか？

あなたは最も多くの時間を共有している
5人の人物の平均である。

——ジム・ローン（アメリカの実業家）

35

マイナスになる人たちから自由になる

とても簡単で効果的なエクササイズを紹介しましょう。

1枚の紙を用意し、自分が日ごろつき合っている人をリストアップします。家族や友人、知人、職場の同僚を含め、すべての人です。

名前（　　　　　　　　　　）（＋）（－）

名前（　　　　　　　　　　　　　）（＋）（－）
名前（　　　　　　　　　　　　　）（＋）（－）

さて、その人たちはあなたの人生のプラスになっているかマイナスになっているか、どちらでしょうか。

ポジティブで支えてくれているなら、その人の名前の下の（＋）の記号を○で囲み、ネガティブで支えてくれていないなら、その人の名前の下の（－）の記号を○で囲んでください。（時には直感にもとづいて答えると効果的です）

全体を見て、＋と－のどちらが多いでしょうか？

この結果はとても重要です。**多くの時間を一緒に過ごしている人たちが「アンカー」か「モーター」のどちらかであるかが一目瞭然になるからです。**

気をつけてください。これはあなたの人生であり、あなたの将来です。アンカーとはできるだけ早く距離を置いたほうが得策です。

もしそれが困難なら、一緒に過ごす時間をできるだけ少なくするといいでしょう。

あなたは自分の潜在能力を限定している人たちから自由になる必要があるのです。

エネルギーの吸血鬼を避ける

あなたは自分のエネルギーを吸い取る人と一緒に過ごしたことがありますか？

私たちはそういう人のことを「エネルギーの吸血鬼」と呼んでいます。そんな人と一緒にいると、あなたはすっかりやる気をなくしてしまうはずです。

解決策は、そんな人と一緒に過ごすのをやめることです。

ここで2つの質問をしましょう。

1　あなたの周囲には、あなたを批判して自分のレベルにまで下げて満足しようとする人がいますか？

2　あなたの周囲には、「そんな夢は実現不可能だから、追い求めるのはばかげている」と言う人がいますか？

もしいるなら、できるだけすぐに新しい友人をつくるべきです。

こういう人たちは被害者意識を持ち、意識的か無意識的かは別として相手の足を引っ張ろうとしますから、あなたの人生にとって決してプラスにはなりません。

あなたは自分を支え、夢の追求を応援し、夢の実現を祝ってくれる人たちと一緒に過ごすべきです。

ただし、「幸せな成功者とだけつき合うべきだ」などと言っているのではありません。すべての人に敬意を払って接するように努力することはとても重要な心がけです。

しかし、多くの時間を一緒に過ごしていると、その人から大きな影響を受けますから、つき合う相手は慎重に選んだほうがいいというのが私たちの主張です。

世の中には2種類の人間がいる。「アンカー（船の錨）」と「モーター（原動機）」だ。アンカーはあなたのやる気をそいで動けなくするので縁を切ったほうがいいが、モーターはあなたを元気にして勢いよく動かしてくれるから一緒にいたほうがいい。

――ロバート・ワイランド（アメリカの画家）

36 コーチを見つける

セミナー会場で「自分の目指す分野で業績をあげている人が誰か知っていますか?」と質問すると、ほぼ全員が手を挙げます。

しかし、そこで、「では、その人たちに成功の秘訣を教えてほしいと言ったことはありますか?」と質問すると、手を挙げる人はほとんどいません。

原則16

七面鳥とつき合わず、ワシとともに飛躍する

自分が目指している分野で業績を上げている人が誰であるかよく知っているのに、その人の指導を求めないというのは奇妙な話ではないでしょうか。求めれば答えが得られるのに、ほとんどの人がそれをしようとしないのです。

成功者から直接学び、考え方と行動パターンを真似ることは、成功を手にするための最も利口な方法の一つです。

ダイエットや起業、資格取得など、どんな目標であれ、誰かがすでにそれに成功して、本や授業、セミナー、勉強会などの形で方法を公開してくれています。あなたはそれを参考にして同様の結果を得ればいいのです。要するに、ワシのように大空を舞いたいなら、すでにそれをしている人にその方法を教えてもらうのです。

しかし残念ながら、多くの人は、すでに成功して貴重なアドバイスをしてくれる人に近づくのではなく、話しやすい人に頼んでしまうのが実情です。実績のある人を見つけてコーチになってもらい、知恵と経験を共有してそれを生かしましょう。

コーチを見つけるステップは次の2つです。

1　自分の周囲で成果をあげている人を探す
2　その人に熱心かつ丁寧に頼み込む

コーチはあなたが扉を開けるのを手伝い、的確な助言をし、チャンスを見つける方法を教え、軌道修正すべきかどうかを指導してくれる存在です。定期的に適切な指導をしてもらえば、あなたは人生を好転させることができます。

教わったら、必ずそれを実行する

スポーツの場合、コーチがいなければオリンピックに出ることはまず不可能です。しかし、コーチの必要性はスポーツにかぎりません。仕事や勉強、芸術の分野でも、上達して成果を上げようとするとコーチの存在がたいへん重要になります。

私たちは目標を明確にし、恐怖心を乗り越え、ベストを尽くすのを手伝ってくれる人を必要としています。幸い、大半の成功者が自分の学んだことを喜んで教えてくれます。なぜなら、彼らはあなたが教えを請うことを尊敬の証しと解釈するからです。

もちろん、すべての人がコーチになってくれるわけではありませんが、あなたが頼めば多くの人はなってくれるはずです。あなたが失うものは何もありません。**コーチになってくれそうな人をリストアップし、毎月わずかな時間でかまわないので指導してほしいと頼めばいいのです。**

コーチになってくれるよう頼んでも応じてもらえないこともあります。そんなときは、「断られても気にすることはない。きっと、どこかで別の人が待ってくれている」というフレーズを思い出し、別の人に当たりましょう。多くの人に当たれば当たるほど、イエスという回答を早く得ることができます。

コーチが貴重な時間を割いて指導をしてくれたら、必ずそれを実行しましょう。誰だって時間を無駄にしていると思いたくありません。コーチがなんらかの方法を教えてくれたら、それでうまくいくかどうか試してみるべきです。効果があるなら続ければいいですし、効果がないなら別の方法を試せばいいでしょう。

このように、その分野の成功者を選んで指導してもらうことです。そうすれば業績が伸び、その他大勢から抜け出すことができます。

七面鳥とつき合っているかぎり、
ワシとともに大空を
飛び回ることはできない。

――作者不詳

原則
17

成功を積み重ねる

37

短所より長所に意識を向ける

子どものころを思い出してください。

たぶん、テストで高得点をとった回数、コンクールで入賞した回数、少年野球でヒットを打った回数など、価値があると思ったものの数を数えたはずです。

しかし、年をとるにつれて他の人と比べるようになり、自分に対して批判的になった可能性があります。あなたは大人になって自分の欠点や間違いに意識を向けるようになったのではないでしょうか。

もちろん、そういうネガティブなことに気づくのは悪いことではありません。それは反省し向上するうえで不可欠です。しかし、自分の欠点や間違いを強調するあまり、それに意識を集中するのはいいことではありません。

何かに意識を向ければ向けるほど、それを引き寄せます。

これは「引き寄せの法則」と呼ばれ、意識的かどうかは別として、誰もがしていることです。

問題は、多くの人が自分の過去の失敗に意識を向けていて、ますます多くの問題を引き寄せてしまっていることです。

それに対し、自分の過去の成功に意識を向ければ、自信と自尊心が高まって、うまくいくようになります。

１００の成功体験を書き出す

過去の成功を思い出せば思い出すほど、私たちはうまくいきます。ここで一つのエクササイズを紹介しましょう。１枚の紙を用意し、あなたがこれまでの人生でおさめた１００の成功体験を書き出してください。

「そんなの簡単だ」と言う人もいるでしょうが、「絶対に無理」と言う人もいることでしょう。しかし、いずれにしても、このエクササイズを実際にやってみることを勧めます。このエクササイズで得られる恩恵は計り知れません。

ほとんどの人は最初の30項目くらいは難なく思いつくのですが、その後が少し難しくなるようです。１００項目を思いつくには、日々のちょっとしたポジティブな出来事も含める必要があるでしょう。とにかく最終目標は１００の成功体験を集めることです。

人生はあまりにも早く過ぎ去りますから、毎日をせわしなく送っているうちに自分の日々の進歩を測ることが困難になります。しかし、それではせっかく成功をおさめても、それを糧にして、よい影響を受けることができません。**日ごろから、大きな成功も小さな成功もすべて含めて、自分の「成功手帳」に記入する習慣をつけましょう。**普通のノートでもパソコンのドキュメントでも構いません。そこに自由な形式で書いてみてください。

自分を高く評価する

一部の人は、仕事で成果を上げて成功しているのにいつも不満を抱いています。こういう人たちはどんなに業績を上げても、自信や満足感とは無縁の人生を送っているのが実情です。なんと悲しいことでしょうか。

周囲の人から業績や努力を評価されるのは嬉しいことですが、真の報酬は自分の中からもたらされます。自分が成功しているかどうかを決定するのは自分自身です。自分が気分よくなるために次の業績や他の人の評価に期待すると、いつまでも心の中が満たされません。

あなたは仕事や勉強、趣味がどれほどよくできますか？　自分の出来ばえを何によって測っていますか？　過去の成果ですか？　他の人の評価ですか？

最も重要な評価基準は自己評価であるべきです。なぜなら、ほとんどの場合、自分が有能だと思っていない人は、どんなに成果をあげて周囲から評価されても、低い自己評価を変えようとしないからです。だから、気をつけないと自信を喪失してしまい、すでに成功していることを示す根拠を目の前にしても、目に入らなくなります。

自分の過去のすべての成功を高く評価しましょう。何かがうまくできたら、あなたはそれについて自信と誇りを持つべきです。傲慢になっていいという意味ではありません。どんなことであれ自分が成功したら、それを正当に評価し、達成感と充実感を持つことが重要なのです。

自分の失敗ではなく成功に意識を向けて、
それを積み重ねよう。

――アンソニー・ロビンズ（アメリカの著述家、講演家）

原則
18

褒美に狙いを定めて粘り抜く

38

目標に意識を集中する

目標をしっかり見すえれば、途中の障害物は取るに足らないものに思えてきます。あなたの能力が変わったからではなく、あなたの意識が変わったからです。

目標に意識を集中し、褒美に狙いを定めるとき、決意が生まれてきます。そしてその決意こそが、成功への途中にある障害物を乗り越える原動力となるのです。

成功者は、何が起きても、目標に意識を集中し続けます。彼らは途中で邪魔が入っても、目標に近づくのに必要な次のステップに意識を向けます。何に対してどのように意識とエネルギーを集中すればいいかをよく知っているのです。

それに対し、できない理由を並べ行動を起こそうとしない人は、途中で出くわす障害物に意識を集中してしまう習慣が無意識のうちに形成されています。

粘り抜くためには、どんな褒美が得られるかを常に意識しなければなりません。なぜなら、努力が褒美に直結することを知れば自然と粘り強さが出てくるからです。すべての成功者はそれを知っています。

目標に向かって絶えず邁進する人は、自分が行動すべき理由をよく知っています。彼らは褒美にワクワクしているのです。

もしあなたが屈せずにやり抜く理由を見つけるのに苦労していたり、さらに決意を強化したいなら、常に次の3つの質問を自分に投げかけましょう。

1　**自分が求めているものは何か？**

2　**粘り強く努力してそれを実現したら、自分の人生はどのようによくなるか？**

3　**もし試練と障害に屈したら、自分は何を逸するか？**

人間の最大の弱点はあきらめることだ。
成功するための最も確実な方法は、
つねにもう一度やってみることである。

――トーマス・エジソン（アメリカの発明家）

39

「今すぐに欲しい」という衝動を抑える

スタンフォード大学のウォルター・ミシェル博士は、長期にわたる詳細な研究を指揮しました。それは「マシュマロテスト」という名で知られています。

研究者が数人の4歳児の前にマシュマロを置いて、「今すぐに1個のマシュマロを食べてもいいが、15分待てば2個のマシュマロを食べさせてあげる」と言いました。

すると全体の3分の2の子どもは目の前にある1個のマシュマロを食べましたが、残りの子どもは辛抱強く15分待ち、2個のマシュマロを食べたのです。

10年以上経って、ミシェル博士は同じ子どもたちの成功と幸せの度合いを調査したところ、明確な違いを発見しました。辛抱強く待った子どもたちは高校で比較的上位の成績をおさめていたのです。

自信にあふれ、満足度も高く、社会的な能力も高いうえに、問題解決能力も高く、試練を乗り越えて目標をやり遂げることもわかりました。

彼らの共通点は、大きな目標を達成するために衝動を抑え、欲求の充足を遅らせる能力を持っていたことです。

それに対し、マシュマロに飛びついた子どもたちはどうなったでしょうか。

興味深いことに、強情で、他の人の影響を受けやすく、決断力が乏しく、自尊心が低く、すぐに不満を抱いてやる気をなくしやすいことがわかったのです。

大きくなってからも衝動を抑えることができず、欲求の充足を遅らせるのが苦手でした。言い換えれば、より大きな褒美のためにじっくり努力するよりも、今すぐに小さな褒美を得ようとする傾向があるということです。

残念ながら、「今すぐに欲しい」というメンタリティは、多くの人を挫折に導いています。

「今すぐに欲しい」という衝動を抑え、将来的に最大の恩恵を得るのに必要な代償を進んで払おうとする人はごくわずかしかいません。

しかし、それができれば、長期的な成功と幸せを手に入れる可能性は飛躍的に高まります。

自分の人生の目的にかなう活動をせよ。

――レオナルド・ダ・ヴィンチ（ルネサンスの画家、建築家、彫刻家）

40

「問題」という言葉を再定義する

ほとんどの人は、成功とは「問題をまったく抱えていないこと」だと思っています。

しかし、それはまったく違います。自分がどんな人物で、どんなことを成し遂げてきたかに関係なく、人はみな必ず問題に直面します。とすれば、私たちができる最善のことの一つは、「問題」という言葉を再定義することです。

予期せぬことが起きたとき、がっかりしたり圧倒されたりするのではなく、自分が生きている証しだと見なすのです。**あなたが直面しているすべての状況は、成長し、賢くなり、経験を積むチャンスであり、成功するための必要条件なのです。**

実際、この考え方は、困難なことに取り組む方法を改善するのに大いに役立ちます。

「問題」という言葉を自分の語彙から排除してみましょう。私たちがこれをしたところ、すぐに粘り強さが増すことがわかりました。なぜなら、当然、「問題」に直面することがなくなったからです。

言葉の使い方は考え方と感じ方に大きな影響を与えますから、「問題」という言葉を「挑戦」と再定義するといいでしょう。そうすれば、今後、同じ障害物を見ても「挑戦」ととらえて、まったく別の姿勢で取り組むことができます。

何と言っても、人はみな挑戦することが好きですし、スポーツやゲームの感覚で困難に取り組むことができます。

90対10のルールを適用する

うまくいっているときに粘り強く取り組むことは簡単ですが、私たちの真価が問われるのは物事に挑戦するときです。

予期せぬ試練に直面したとき、あなたはどうしますか？

不平を言って安易な道を選ぶか、別のやり方を試すか、どちらでしょうか。

もちろん、あなたは不平を言っても何も解決しないことを知っているはずです。実際、不平を言い続けると状況はますます悪化する恐れがあります。

問題に意識を向ければ向けるほど、問題が大きくなることに気づいたことがありますか。障害物を過度に分析すると状況が行き止まりのように見えてきます。

しかも、選択肢が他に見当たらなければ、粘り強さを発揮しようという意欲を失ってしまいかねません。

それに対し、成功者は問題に意識を集中しません。彼らは90対10のルールを適用するからです。つまり、**意識の10パーセントだけを問題に向け、残り90パーセントを解決策に向けて、その挑戦を乗り越えるのに必要な行動を起こすのです。**

単純明快な理屈ですが、これは実際に効果があります。にもかかわらず、多くの人はそれとは正反対のことをします。彼らは問題について調査するばかりで、解決策を思いつこうとしないのです。これでは絶対にうまくいきません。

今度、障害物に直面したら、問題について考える時間を制限し、解決策を考えることに切り替えて状況を好転させましょう。

問題について考える時間の9倍を解決策について考えるのに費やすのです。

どんな障害物に出くわしても、それを乗り越える3つの異なる方法を考えましょう。粘り強く探せば、解決策は必ず見つかります。

解決策を思いつくことに大半の時間を使うとき、前進するのに必要なエネルギーと創造性を持つことができます。

次にすべきことがわかれば、粘り強さを発揮して試練を乗り越える勇気がわいてきます。

障害物とは、
目標から目をそらしたときに
見えるものである。

――ヘンリー・フォード
（アメリカの実業家、フォード・モーターの創業者）

41

行動パターンを柔軟に変える

愚行とは、何度も同じことをして別の結果を期待することです。多くの人は、粘り強く努力して、同じ結果を得ています。彼らは同じやり方を何度も試せば、やがてうまくいくと思い込んでいるのです。

褒美に狙いを定めて粘り強く取り組むことは大切ですが、自分のやり方が正しいかどうかを見極めなければなりません。

前に説明したとおり、さまざまな形で絶えずフィードバックが得られるのですから、そこから重要なヒントをつかめるはずです。

たしかに、同じ行動を粘り強く繰り返さなければならないこともありますが、フィードバックの中の一定のパターンに気づかなければなりません。何度試してもうまくいかないなら、努力が足りないのではなく、努力の方向性が間違っている可能性が高いのです。

そこで求められるのが柔軟性です。

つまり、状況に合わせて行動パターンをうまく調整していくということです。**現実の社会では、すべての物事を解決できるやり方は存在しません。うまくいかないなら行動パターンを変えて、やり方を改める必要があります。**

軌道修正をすることはあきらめることではありません。結果を出すために別のやり方を試すことはきわめて重要です。実際、それこそが長期的な成功の秘訣なのです。

あきらめない

人生は予期せぬ試練の連続です。成功への旅の途中で倒れることもあるでしょうし、思いどおりに物事が進まずに目標がなかなか達成できないこともあるでしょう。しかし、それでいいのです。人生とはそういうものなのですから。

たとえうまくいかないときでも粘り強さを発揮し、ベストを尽くさなければなりません。すぐに結果が得られないからといって、永久に結果が出ないわけでは決してないのです。

私たちが失敗するのは粘り強さが足りないからです。

失敗はあきらめたときにやってきます。つまり、あきらめたら、そこで失敗です。逆に言うと、あきらめなければ失敗ではないということです。粘り強さがあれば、それだけ長く物事に取り組むことができますから、いずれ必ず勝機が訪れます。

人生の最高の栄光は、
絶対に倒れないことではなく、
倒れるたびに起き上がることである。

——ネルソン・マンデラ
（南アフリカ共和国元大統領、ノーベル平和賞受賞）

原則

19

最高の自分になるためにベストを尽くす

42

絶えずよりいっそうの努力をする

あなたは絶えずよりいっそうの努力をし、約束を超える出来ばえを実現していますか？

成功者はいつもそうしています。それは、成果をあげているすべての人の特徴なのです。中途半端な努力で妥協していたら、最高の経験をして最高の自分になることは到底できません。

真実を指摘しましょう。たとえ99パーセントの努力でも不十分です。たった1パーセントの手抜きをしただけで、人生で欲しい最高のものを手に入れることができなくなってしまいます。

「成功」と「幸運」の違いは、常にベストを尽くしているかどうかです。常にベストを尽くしていれば、最高の自分になることができ、成功をおさめることができます。しかし、中途半端な努力しかしていないなら、最高の自分になることができず、成功もおぼつかなくなって幸運に頼らざるを得ないようになるのです。

単純化しすぎているように思うかもしれませんが、これは真実です。

しかし残念ながら、あまりにも多くの人が自分のしていることにベストを尽くすべきかどうか迷いながら生活しています。不思議なことに、約束をしっかり守るべきかどうか、計画をやり遂げるべきかどうか躊躇しているのです。

人生で最高のものを手に入れている人たちは、どんなことがあってもベストを尽くす姿勢を貫きます。小さなことをするときでも、大きなことをするときでも、彼らはとにかく自分が持っているものをすべて捧げる決意で取り組みます。だから、素晴らしい人生を送ることができるのです。

求められている以上のことをせよ。
つねに目標を達成する人と、
普通の結果しか出せない人の違いは何か。
よりいっそうの努力をしているかどうかだ。

――ゲイリー・ライアン・ブレア
（アメリカの経営コンサルタント）

43

一生懸命にがんばる

素晴らしい人生を送る秘訣とは何でしょうか。より多くのことをし、相手が期待している以上に与えることです。

若い人の中に、「一生懸命にがんばるのはかっこよくない」という風潮があります。

しかし、努力しないことがかっこいいのなら、そういう「かっこいい」人たちは学校を出て20年後にどうなるでしょうか。いつまでたっても生計を立てられずに苦労するか、一生懸命にがんばってきた人たちの下で働くことになるでしょう。中途半端な努力しかしていない人は、結局、そういうはめになるのです。

相手の期待以上に一生懸命にがんばるか、安易な道を選んで手抜きをして怠けるか。どちらを選ぶかは私たち全員に課せられる選択です。

ところで、本当の意味で「かっこいい」とは、どういうことでしょうか。私たちはセミナーで次のエクササイズを紹介しています。

ステップ1　「かっこいい」と思う人を5人選ぶ

つまり、あなたが尊敬する人たちです。有名人でも身近な人でも構いません。その人たちの名前を紙に書いてください。

ステップ2　その人たちの名前の横に、なぜ彼らが「かっこいい」と思うのかをすべて書き出す

ステップ3　そのリストを見て、一定のパターンを見つける

彼らが「かっこいい」と思う理由はそれです。

あなたは何を発見しましたか。「かっこいい」と思って尊敬している人たちは、一生懸命にがんばり、目標を定め、つらいときでも粘り抜き、他の人たちを思いやることができる人たちだということがわかるはずです。結局、成功するために一生懸命にがんばることは「かっこいい」ということになるのです。

原則19

最高の自分になるために
ベストを尽くす

小さな仕事のように思えても
ベストを尽くせ。
しっかり仕事をするたびに、
あなたはそれだけ強くなる。
小さな仕事をうまくすれば、
大きな仕事はおのずから
できるようになる。

――デール・カーネギー（アメリカの著述家、講演家）

44

人を感動させるような工夫をする

あなたがするすべてのことは他の人に影響を与えます。

もしベストを尽くすことにこだわり続ければ、どんな状況でもベストを尽くす方法を見つけることができます。

あるスーパーマーケットが売り上げを伸ばすために従業員研修をおこないました。

講師は「お客様の印象をポジティブなものにするのも、ネガティブなものにするのも、一人ひとりの従業員にかかっている」と指摘し、どんな仕事でも人を感動させる工夫をするよう力説しました。

研修の後、ジョニーという袋詰め担当の16歳の子どもはワクワクしていましたが、他の従業員が「レジ係にたいしたことはできない」と言っているのを聞いてショックを受けました。

そこでジョニーは顧客を感動させるために、名言を書いた小さなカードを商品の袋に入れることを思いついたのです。各カードには違う名言が書かれていて、ある1枚のカードにはこう書かれていました。

ジョニーの本日のメッセージ
虹や夕日を見るために、顔を上に向けましょう（サラ・パーカー）

残念ながら、他の従業員たちはこのアイデアに魅力を感じず、「客がそんなことに興味を持つと思うのか」「忙しいのに、なぜわざわざそんなことを」と反論しました。

しかし、ジョニーは居残りをして数百枚のカードを作成し、袋に入れました。

そんなある日、レジに長蛇の列ができました。ジョニーの手書きのカードが評判を呼んで大勢の顧客が押し寄せたのです。

おかげで売り上げは飛躍的に伸び、他の従業員たちも感心して自分にできることをするためにいっそうの努力をしました。

ジョニーは売り上げを伸ばすだけでなく、他の従業員の意欲を高めることにも成功したのです。

たいしたことができないからといって、
何もしないのは最悪の間違いである。
今すぐ、自分ができることをせよ。

――シドニー・スミス（イギリスの作家）

原 則
20

今すぐに始める

45

とにかく行動を起こす

驚いたことに、多くの人は行動が必要なのに、過度の分析をし、計画を練りすぎ、準備をしすぎて身動きがとれなくなっています。

（ケントのエピソード）

最近、経営者を志す若者たちを対象にセミナーを開いたところ、その中の一人からアドバイスを求められました。

その男性はもう8年間も事業計画を練り続けているというのです。当然、完璧な計画を立てることに執着していました。

そこで私は「それは素晴らしいアイデアですが、行動を起こす予定はあるのですか？」と丁寧に問い返しました。

彼はぽかんとした表情をし、何も答えませんでした。

私が「そろそろ行動を起こしたほうがいいのではないですか」と提案したところ、彼はにっこりほほえんでうなずきました。彼は心配のあまり「絶対に失敗しない計画」を立てることに執着し、行動を起こすことが怖くなっていたのです。

実際のところ、行動を起こさなければ何も起こりません。

前にミサイルの例で説明したことを覚えていますか。軌道に乗れるかどうか心配しながら何年間も発射台にとどまっているよりも、思いきって発射して、途中でフィードバックを得ながら軌道修正をしたほうが、時には得策なのです。

いったん行動を起こせば、さまざまな恩恵を受けることができます。

新しいスキルを覚え、経験を積み、難しそうに見えていたことが簡単になり、賛同者を引き寄せ、徐々に道が開けてくるのです。

原則20

今すぐに始める

たしかに、待っている人も
何かが得られる。だが、
それは、すぐに始めた人たちの
おこぼれにすぎない。

――エイブラハム・リンカーン（アメリカ第16代大統領）

46

前向きに失敗する

成功者がいつもうまくいくとは限りませんが、失敗する可能性があっても彼らは進んで行動を起こします。失敗が成功へのプロセスの重要な一部であることを認識しているからです。

それは教訓を学んで別のことを試す機会であるともいえます。

原則20

今すぐに始める

人はみな失敗への恐怖を乗り越えるだけでなく、むしろ進んで失敗すべきです。経験を積むたびに、次に使うことができる貴重な情報を得ることができるからです。

医学の進歩に貢献したある科学者について興味深い話があります。インタビューで「なぜこれほどの功績を残せたのか?」と問われたとき、彼は「2歳のときに母親が教えてくれたことがきっかけだ」と答え、こんなエピソードを披露したのです。

ある日、冷蔵庫からミルクを取り出そうとしたとき、手からパックを落としてしまい、床一面にミルクがこぼれてしまいました。しかし、母親は叱るのではなく、「やってしまったことは仕方ないわ。お母さんが拭いてきれいにするから、しばらくこぼれたミルクの中で遊んでいてね」と言ったのです。

数分後、母親は「いつか、あなたはこぼしたミルクを自分で掃除をしなければならないのよ。そのとき、タオル、スポンジ、雑巾のどれを使う?」と問い、さらに、「どうやら、小さな手でミルクのパックを運ぶ実験は失敗だったようね。裏庭に行ってパックに水を入れて落とさずに運ぶ練習をしてくるといいわ」と言ったのです。

この科学者はそのとき以来、間違いを恐れなくなりました。

間違いは新しいことを学ぶ機会だと知り、科学の世界でそのまま応用できることを発見したからです。

人はみな時には失敗しますから、それを最大限に生かして次にうまくできるようにする姿勢が重要です。

失敗そのものは悲惨な経験ではありません。それは心がけ次第で楽しい経験になります。

間違いを犯さないのは
何もしない人だけだ。

――セオドア・ルーズベルト
（アメリカ第26代大統領、ノーベル平和賞受賞）

47

とにかく始める

人々は表面的には違っているように見えますが、誰もが同じものを欲しています。それは、幸せ、愛情、尊敬、そして自分は価値のあることをしたという満足感です。これは簡単な心理学で、万人に共通する欲求です。

心理学者のデービッド・ニーブンは成功者の特徴を研究し、「目標に向かって行動を起こそうとしない人は5倍あきらめやすく、人生に対して3倍の不満を抱えている」と指摘しています。

私たちは自分が常に進歩していると感じる必要があります。そしてそのためには行動を起こさなければならないのです。この本によって素晴らしい結果を得たいなら、その原則にもとづいて行動する必要があります。

1日ですべてのことをする必要はありませんが、毎日、なりたい自分に近づくために何かをしなければなりません。最終的に、それらのステップはすべて積み重ねられます。

完璧な環境が整ったら、元気になったら、手伝ってくれる人が現れたら、来週になったら、自信ができたら……。こんなふうに条件がそろうまで待つのではなく、今すぐに始めましょう。

私たち（ジャックとケント）は非凡な才能を持っているわけではありませんが、この本で紹介しているさまざまな原則を研究し応用することによって、当初の想像をはるかに超える業績を上げることができました。私たちは決して例外的な存在ではありません。誰でも非凡なことを成し遂げることができるのです。

あなたの潜在能力は引き出されるのを待っています。

今こそ、チャンスです。

あなたは思いきって行動を起こしますか。

その選択はあなた次第です。

人生で何かを成し遂げたいなら、
じっと座ってうまくいくことを
祈っていてはいけない。
あなたはそれを実現するために
行動を起こさなければならないのだ。

――チャック・ノリス（アメリカの俳優）

おわりに

世の中は、「自分はこれからすごいことをするつもりだ」と言う人であふれています。しかし、実際に目標を立てて結果を出す人はごくわずかしかいません。その人たちに能力がないからではなく、潜在能力を引き出す方法を知らないからです。

成功は科学です。一定の原理にしたがえば、結果を出すことができます。出身や性別、人種、年齢、学歴などに関係なく、誰にでも当てはまる普遍的な法則があります。夢をかなえて思いどおりの人生を送るための原理は同じなのです。

素晴らしいことに、あなたはその法則をこの本から学びました。それはすでに大勢の人々の夢をかなえてきた成功法則です。彼らには一つの共通点があります。それは、知っているだけではなく、その知識をもとに行動したということです。つまり、成功に関するかぎり、「知は力なり」ではなく「知の活用は力なり」が正しいのです。

この本で得た知識を活用すれば、素晴らしい人生を送ることができます。ただし、それはいつも簡単とは限りません。時間がかかることもあります。したがって、常に最善を期待し、予期せぬ試練に備えることが重要です。途中で障害が発生したら柔軟な姿勢で軌道修正をし、やり方を変えて再挑戦しましょう。

目標を達成するうえで最も重要なことの一つは、たとえ他の人が信じてくれなくても自分を信じることです。周囲の人がみな、あなたの目標追求を支持してくれるわけではありません。悲観的なことを言ったり、あなたを守るためにネガティブなことを言ったりする人もいるでしょう。しかし、どんなときでも「自分はダメだ」と思ってはいけません。成功者の足跡を調べると、何を言われても夢に向かって絶えず前進していたことがわかります。

私たち（ジャックとケント）の目標は、あなたが最高の人生を送るのに必要な情報を提供することです。この本にはその情報が満載されています。

あなたがすべきことは次の3つです。

1　何度もこの本を読んですべての法則を覚える

繰り返し読んで、自分にとって重要な箇所にペンやマーカーでしるしをつけましょう。

2　行動を起こし、一つひとつの法則を実践する

1日に一つの法則に集中するといいかもしれません。目標を紙に書き、イメージトレーニングをし、コーチになってくれる人を見つけ、人に助けを求め、フィードバックを活用し、つねにベストを尽くしましょう。あなたには十分な能力があります。問題は、あなたができるかどうかではなく、実際にするかどうかです。

3　毎週、時間をとって自分の進歩を調べる

自分で「成功手帳」をつくり、それに経験を記入すると効果的です。5年後、10年後にそれを読み返し、貴重な経験を家族や友人と共有するといいでしょう。

今日は、あなたの残りの人生の最初の日です。勝ちたいという気持ちより大事なのは、始める勇気です。この本で得た情報を活用し、道を切り開いていってください。

世の中で最も重要なことの大半は、
周囲の助けが得られそうにないときでも
挑戦し続けた人たちによって成し遂げられた。

——デール・カーネギー（アメリカの作家、講演家）

あなたの潜在能力を引き出す20の原則

発行日　2017年12月15日　第1刷
　　　　2018年３月16日　第2刷

Author　ジャック・キャンフィールド　ケント・ヒーリー
Translator　弓場隆
Book Designer　坂川栄治+鳴田小夜子（坂川事務所）
Format Designer　坂川朱音（krran）

Publication　株式会社ディスカヴァー・トゥエンティワン
〒102-0093　東京都千代田区平河町2-16-1 平河町森タワー11F
TEL　03-3237-8321（代表）
FAX　03-3237-8323
http://www.d21.co.jp

Publisher　干場弓子
Editor　藤田浩芳+林拓馬
Marketing Group
Staff　小田孝文　井筒浩　千葉潤子　飯田智樹　佐藤昌幸　谷口奈緒美
古矢薫　蛯原昇　安永智洋　鍋田匠伴　榊原僚
佐竹祐哉　廣内悠理　梅本翔太　田中姫菜　橋本莉奈　川島理
庄司知世　谷中卓　小田木もも

Productive Group
Staff　千葉正幸　原典宏　林秀樹　三谷祐一　大山聡子
大竹朝子　堀部直人　塔下太朗　松石悠　木下智尋　渡辺基志

E-Business Group
Staff　松原史与志　中澤泰宏　伊東佑真　牧野類

Global & Public Relations Group
Staff　郭迪　田中亜紀　杉田彰子　倉田華　李瑋玲

Operations & Accounting Group
Staff　山中麻吏　吉澤道子　小関勝則　奥田千晶　池田望　福永友紀

Assistant Staff　俵敬子　町田加奈子　丸山香織　小林里美　井澤徳子　藤井多穂子
藤井かおり　葛目美枝子　伊藤香　常徳すみ　鈴木洋子　内山典子
石橋佐知子　伊藤由美　押切芽生　小川弘代　越野志絵良　林玉緒
小木曽礼丈

Proofreader　株式会社鷗来堂
DTP　有限会社マーリンクレイン
Printing　大日本印刷株式会社

ISBN978-4-7993-2199-7